DIE BESTEN REZEPTE

FISCH

UND MEERESFRÜCHTE

Stiftung Warentest

1

SNACKS, SUPPEN UND SALATE

2

HAUPTSACHE FISCH

3

LACHS, DORADE, ZANDER & CO.

4

FISCHGERICHTE AUS ALLER WELT

5

MEERESFRÜCHTE

Maritim genießen

20 Min. + 40 Min.
355 kcal pro Portion

Schnell im Blick: *Zubereitungszeit und Kalorienzahl helfen bei der Auswahl des richtigen Rezepts. Die Zubereitungszeit ist aufgeteilt in die Zeit, in der Sie beschäftigt sind, plus die Zeit, die manche Gerichte für sich selbst benötigen – zum Gehen, Backen, Braten, Gefrieren, Kühlen, Kochen, Marinieren usw. –, die für Sie aber Freizeit ist.*

Mengenangaben	Nährwertangaben
TL: Teelöffel	**E:** Eiweiß
EL: Esslöffel	**Kh:** Kohlenhydrate
Bd.: Bund	**F:** Fett
Pckg.: Packung	**kcal:** Kilokalorien
Msp.: Messerspitze	

Das weite Meer, ein weißer Strand, der letzte Urlaub: Kaum andere Lebensmittel lassen uns so ins Schwelgen geraten wie Fisch und Meeresfrüchte. Die Meeresbewohner sind nicht nur sehr gesund, sie sind auch gar nicht schwer zuzubereiten!

Fisch ist sehr reich an leicht verdaulichem Eiweiß. Darüber hinaus ist sein Fett besonders wertvoll für die Gesundheit. Im lichtarmen Winter ist er eine gute Vitamin-D-Quelle. Der dritte Pluspunkt ist das Jod, das vor allem in Seefisch enthalten ist.

Leider sind viele Fischarten heute vom Aussterben bedroht. Wenn Sie nur mit den Siegeln von MSC, Bioland oder Naturland kaufen, gehen Sie sicher, nicht zu den Problemen von Überfischung und Artensterben beizutragen.

Die beliebtesten Fischarten

Lachs: Bei Zuchtlachsen ist die rötliche Färbung künstlich erzeugt, Wildlachse werden rot, wenn sie viele Garnelen fressen. Nur der Ostpazifik gilt als akzeptabler Fischgrund für Wildlachs.

Seelachs: Wenn er im Nordostatlantik gefangen wurde, gilt er als vertretbar. Alaska-Seelachs nur mit MSC-Siegel.

Hering: Die kleinsten Exemplare sind am schmackhaftesten. In der westlichen Ostsee und in den keltischen Meeren sind sie bedroht.

Forelle: Ideal für kalorienarme Gerichte mit üppigem Proteingehalt. Abgeraten wird von Zuchttieren aus Chile und der Türkei.

Makrele: Diese preiswerte Fischart besitzt ein intensives Aroma. Kritisch sind die Bestände in der Nordsee und im Skagerrak/Kattegat.

Zander: Sein weißes Fleisch liefert grätenfreie Filets. Vor den Küsten Osteuropas ist er durch Überfischung bedroht.

Dorade: Das Fleisch ist besonders grätenarm. Noch empfehlenswert sind Fische aus Aqua-Kulturen in Griechenland, Spanien oder Türkei.

Thunfisch: Der Thunfisch gehört mit seinem roten, fetten Fleisch zu den wichtigsten Speisefischen. Allerdings sind die Bestände fast überall bedroht. Nur mit MSC-Siegel kaufen!

So wird Fisch vorbereitet: Die folgende Filetieranleitung funktioniert bei allen größeren Rundfischen. Sie benötigen ein langes (ca. 15 cm), sehr scharfes Messer.

1. Hat der Fisch Schuppen, unter fließendem Wasser mit dem Messerrücken vom Schwanz zum Kopf hin entfernen.

2. Den Fisch auf die Seite legen und die Bauchhöhle mit einem nicht zu tiefen Schnitt von der Afteröffnung hin zum Kopf öffnen. Dann mit der Hand die Innereien aus der Bauchhöhle ziehen. Mit einem Löffel ausschaben und gut ausspülen.

3. Zum Entfernen des Kopfes legen Sie den Fisch mit dem Kopf nach links vor sich und machen Sie einen schrägen Schnitt, von links oben nach rechts unten bis hinunter zur Mittelgräte. Fisch umdrehen, auf der anderen Seite wiederholen, dann Mittelgräte durchtrennen.

4. Legen Sie den Fisch so, dass der Schwanz zu Ihnen und der Rücken nach rechts zeigen. Setzen Sie nun das Messer parallel zur Arbeitsfläche seitlich oben am kopflosen Ende an und führen Sie die Klinge bis zum Schwanzende. Der Schnitt muss nur 1 bis 2 cm tief sein. Die Schnitte so oft wiederholen, bis Sie die Mittelgräte erreichen.

5. Nun lösen Sie zuerst den Schwanzteil des Filets, das heißt die folgenden Schnitte beginnen nicht mehr oben am Kopfende, sondern hinter der Bauchhöhle (etwa letztes Drittel des Fisches) und gehen bis zum Schwanzende, immer mit dem flachen Messer entlang der Mittelgräte, bis Sie an der Bauchseite angekommen sind. Schneiden Sie das Filet hinten am Schwanzende ab.

6. Das erste Filet hängt nun nur noch an den Bauchhöhlengräten. Diese können Sie nun vorsichtig einzeln mit dem Messer vom Filet entfernen. Das macht aber viel Arbeit, einfacher ist es, Sie schneiden die Bauchhöhlengräten einfach mit kräftigen Schnitten von der Mittelgräte ab, sodass Sie danach am Filet hängen, das Sie jetzt abheben können.

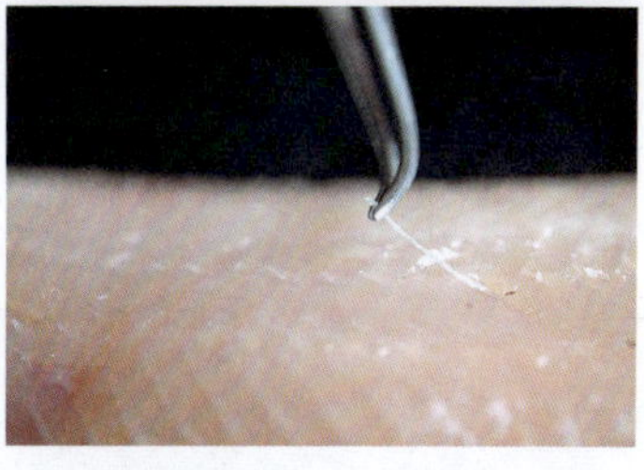

7. Fisch umdrehen, mit dem anderen Filet wiederholen.

8. Die Bauchhöhlengräten an den Filets können Sie jetzt mit dem Messer abheben und verbleibende Gräten mit einer Pinzette herausziehen.

1

SNACKS, SUPPEN UND SALATE

15 Min. + 12 Std.
372 kcal pro Portion

Roter Heringssalat

Für 4 Portionen:

2 Salzheringe (ca. 500 g)
1 Zwiebel
2 saure Gurken
1 großer Apfel (ca. 200 g)
200 g gekochte Rote Bete
100 g Schmand
1 TL Meerrettich
2 EL Rotweinessig
Salz, Pfeffer

Pro Portion: 23 g E, 11 g Kh, 26 g F

1. Die Heringe ausnehmen, etwa 12 Stunden in reichlich Wasser legen und filetieren.

2. Zwiebel schälen, halbieren und zusammen mit den Gurken fein würfeln. Heringe in mundgerechte Stücke schneiden. Apfel waschen, halbieren, das Kerngehäuse entfernen und in kleine Würfel schneiden. Rote Bete ebenfalls klein würfeln.

3. In einer Schüssel Schmand, Meerrettich und Essig zu einem Dressing verrühren und mit Salz und Pfeffer abschmecken.

4. Alle Zutaten in eine Schüssel geben und mit dem Dressing mischen. Kurz durchziehen lassen.

Info: *Salzheringe sind im Sommer nicht erhältlich. Wegen des hohen Salzgehalts muss er vor dem Verzehr gewässert werden. Er ist schon ohne Kopf und Schwanz erhältlich. Ist der Fisch nach dem Wässern noch zu salzig, einfach für etwa 2 Stunden in Buttermilch einlegen.*

Variante: *Anstatt eines Salzherings können auch mild gesäuerter Matjes oder Bismarckhering verwendet werden.*

⏳ 30 Min. + 15 Min.
⚖ 276 kcal pro Portion

Tintenfischsalat à la Tabouleh

Für 4 Portionen:

- 250 g Tintenfischtuben (frisch oder TK)
- 1 Zitrone
- 5 EL Olivenöl
- Cannellini-Bohnen (240 g Abtropfgewicht)
- 100 g Bulgur
- 1 rote Zwiebel
- 2 Fleischtomaten
- 1 Bd. Rucola oder glatte Petersilie
- 1 Knoblauchzehe
- Salz, Pfeffer

1. Tintenfisch waschen, in Ringe schneiden. Mit dem Saft einer halben Zitrone sowie 1 EL Olivenöl mischen und ziehen lassen.

2. Bohnen abgießen, Sud mit Wasser auf 200 ml auffüllen. Bulgur in dem Mix aufkochen und zugedeckt bei kleiner Hitze etwa 20 Minuten (nach Packungsanleitung) ausquellen lassen.

3. Zwiebel schälen, halbieren und in feine Würfel schneiden. Die Tomaten waschen, halbieren, Stielansatz heraustrennen und in etwas größere Würfel teilen. Rucola putzen, waschen, trocken schütteln und fein hacken. Knoblauchzehe schälen und durch eine Presse drücken.

4. Tintenfischringe abtropfen lassen, in einem kleinen Topf in etwa 15 Minuten gar dünsten. Tintenfisch und Bulgur etwas abkühlen lassen.

5. Die Tintenfischringe mit Bulgur, Zwiebeln, Tomaten, Rucola und Kichererbsen mischen. Die zweite Zitronenhälfte auspressen, den Saft mit restlichem Öl mischen und unter den Salat ziehen. Mit Salz und Pfeffer abschmecken.

Pro Portion: 15 g E, 23 g Kh, 14 g F

Tipp: *Tintenfischtuben, egal ob frisch oder gefroren, immer noch mal kontrollieren. Die scharfkantigen Rückgrate können zu bösen Verletzungen im Mund führen.*

Blitz-Variante: *Kaufen Sie fertig marinierte Tintenfischringe oder Meeresfrüchte und füllen deren Marinade mit den Saft 1 Zitrone, Kichererbsensud, Olivenöl und Wasser zu 200 ml Flüssigkeit auf. Couscous darin 15 Minuten ziehen lassen und inzwischen das Gemüse zubereiten. Dann alles mischen – fertig! Statt Cannellini passen auch weiße Bohnen.*

Tipps: *Die 500 g Fischfilet können aus mehreren Sorten bestehen. Zarte Fischsorten wie Scholle oder Seezunge sollten zum Schluss in den Eintopf gegeben werden.*

Statt Gemüsebrühe können Sie Fischfond (aus dem Glas) nehmen, je nach Geschmack etwas Salz hinzufügen.

25 Min. + 30 Min.
380 kcal pro Portion

Fisch-Suppentopf

1. Den Fisch abspülen, trockentupfen, in große Stücke schneiden. Zugedeckt beiseite stellen.

2. Den Reis und ¼ l Gemüsebrühe in einem Topf 10 Minuten köcheln lassen. Den Topf verschließen und den Reis bei geringer Hitze zugedeckt etwa 20 Minuten quellen lassen.

3. Die Zwiebeln abziehen, vierteln oder achteln. Möhren und Fenchel putzen und waschen. Vom Fenchel das zarte Grün abschneiden und beiseite legen. Möhren in Scheiben schneiden, Fenchelknollen halbieren und dann ebenfalls in Streifen schneiden. Die Knoblauchzehe schälen und zerdrücken.

4. 40 g Fett in einem Topf erhitzen, Zwiebelstücke darin glasig werden lassen, zerdrückten Knoblauch und Curry einrühren. Möhren und Fenchel zufügen und etwa 6 Minuten zugedeckt dünsten.

5. Die Äpfel schälen, vierteln, das Kerngehäuse entfernen. Die Apfelstücke mit ¾ l Gemüsebrühe zum Gemüse geben. 3 Minuten köcheln lassen.

6. Restliches Fett mit dem Mehl verkneten, in die Brühe geben und leicht binden. 2 Minuten köcheln lassen. Mit dem Zimt abschmecken.

7. Die Fischstücke leicht mit Zitronensaft beträufeln und in die Suppe geben. Etwa 3 bis 4 Minuten ziehen lassen.

8. Den ausgequollenen Reis als Einlage vorsichtig unter die Suppe heben. Mit dem grob geschnittenen Fenchelgrün bestreuen.

Etwas Abwechslung im Geschmack bringen eine Prise Kurkuma und einige zerdrückte Korianderkörner sowie frische Korianderblätter.

Für 4 Portionen:

- 500 g Fischfilet (z. B. Seelachs oder Rotbarsch)
- 125 g Vollkornreis
- 1 l Gemüsebrühe (klare Gemüsesuppe)
- 2 Zwiebeln
- 500 g Möhren (Karotten)
- 1 Fenchelknolle
- 1 Knoblauchzehe
- 50 g Butter oder Margarine
- ½–1 TL Curry
- 400 g Äpfel
- 1 EL Mehl
- 1 Prise Zimt
- 1–2 EL Zitronensaft

Pro Portion: 27 g E, 26 g Kh, 19 g F

30 Minuten
382 kcal pro Portion

Für 4 Portionen:

- 1 Apfel
- 4 EL Rapsöl
- 20 g Ingwer
- 2 Knoblauchzehen
- 200 g Puey-Linsen
- 500 ml Gemüsebrühe
- 1 Stange Lauch
- 400 g Tomatenstücke aus der Dose
- Salz, Pfeffer
- 5-Gewürze-Pulver
- 200 g geräucherten Stremellachs

Linsen-Lauch-Topf mit Lachs

1. Apfel waschen, trocken reiben und grob raspeln. In einem Topf mit 2 EL Öl andünsten, Ingwer und Knoblauch schälen, mit einer Knoblauchpresse hineindrücken.

2. Linsen heiß waschen, zugeben und ca. 3 Minuten anschwitzen. Mit der Gemüsebrühe ablöschen und 15 Minuten köcheln lassen.

3. Lauch waschen, putzen, in feine Streifen schneiden, mit den Tomaten zu den Linsen geben und weitere 10 Minuten köcheln lassen. Mit Salz, Pfeffer und 5-Gewürze-Pulver abschmecken.

4. Stremellachs in mundgerechte Stücke würfeln und auf dem Linsen-Lauch-Topf anrichten. Mit 1 bis 2 Scheiben Vollkornbrot servieren.

Pro Portion: 25 g E, 34 g Kh, 17 g F

Variante: *Die Tomaten gegen Zwetschgen tauschen. Stremellachs gibt es auch mit Pfeffer oder Chili. Sie können auch 200 g rohen Kasseleraufschnitt nehmen.*

40 Minuten
418 kcal pro Portion

Miesmuschelsüppchen

Für 4 Portionen:

- 500 g Kartoffeln
- ½ Knollensellerie
- 3 Möhren
- 2 Stangen Lauch
- 1 EL Olivenöl, 1 EL Butter
- Salz, Pfeffer, Zucker
- 200 ml Weißwein
- 1 l Gemüsebrühe
- 200 ml Sahne
- 1 kleine Dose Safranfäden
- 1 unbeh. Zitrone
- 400 g Miesmuschelfleisch (aus der Dose/dem Glas)
- 2 EL Petersilie, gehackt

1. Kartoffeln, Sellerie und Möhren schälen und waschen. Lauch waschen und den weißen Teil in Ringe schneiden. Mit Olivenöl und Butter glasig anschwitzen. Salz, Pfeffer, 1 Prise Zucker dazugeben, mit Weißwein ablöschen und etwa 2 Minuten aufkochen lassen. Mit Brühe und Sahne auffüllen, Safran dazugeben und bei schräg aufgesetztem Deckel etwa 20 Minuten leicht köcheln lassen.

2. Einige Streifen Zitronenschale klein hacken. Die Miesmuscheln mit Petersilie und der Zitronenschale sowie einigen Spritzern Zitronensaft marinieren.

3. Suppe mit einem Stabmixer cremig pürieren, nochmals abschmecken. Zum Servieren in Teller geben und mit den Miesmuscheln garnieren.

Pro Portion: 16 g E, 27 g Kh, 24 g F

25 Minuten
168 kcal pro Portion

Spargelröllchen mit Räucherlachs

Für 4 Portionen:
500 g Spargel
½ Bd. Rucola
4 EL Dijonnaise
3 EL fettarmer Joghurt
8 Scheiben Räucherlachs

Pro Portion: 10 g E, 4 g Kh, 12 g F

1. Den Spargel schälen sowie die Enden abschneiden. Schalen und Enden aufbewahren. In einem Dämpfer etwa 15 Minuten knackig garen.

2. Den Rucola waschen, die harten Stielenden entfernen. Rucola grob hacken und mit der Dijonnaise und dem Joghurt mischen.

3. Den Räucherlachs damit bestreichen und jeweils mit 2–3 Stangen Spargel belegen. Dann den Spargel mit dem Lachs behutsam einrollen.

Info: *Dijonnaise ist Dijonsenf mit etwas Körnersenf und Mayonnaise gemischt.*

Spargel aktiviert nicht nur den Fettstoffwechsel, sondern auch den Kohlenhydrat- und Eiweißstoffwechsel.

Variante: *Statt weißen Spargel können Sie auch grünen Spargel verwenden. Oder Sie verwenden je nach Saison ein anderes frische Gemüse.*

50 Minuten
217 kcal pro Puffer

Kartoffel-Kabeljau-Puffer

Für 2 Portionen (ca. 6 Puffer):

- 300 g mehligkochende Kartoffeln
- 200 g Kabeljaufilet
- 1 Zwiebel
- 1 Bd. Petersilie
- 1 Ei
- 60 g Maismehl
- Salz, weißer Pfeffer
- Muskatnuss
- 7 EL Rapsöl

1. Kartoffeln waschen und mit wenig Wasser zugedeckt weich kochen. Fischfilets wenn nötig entgräten und grob würfeln. Zwiebel schälen und grob zerteilen. Die Petersilie waschen, trocken schütteln und die Blättchen abzupfen.

2. Den Fisch mit Zwiebel, Petersilie und Ei mit Pürierstab oder Blitzhacker zur einer Farce zermusen. Die Hälfte des Maismehls zugeben und vermengen.

3. Kartoffeln kalt abschrecken, pellen und durch eine Kartoffelpresse drücken. Die Masse etwas abkühlen lassen, dann die Fischfarce untermischen. Masse mit Salz, Pfeffer und Muskatnuss kräftig würzen.

4. Aus der Fisch-Kartoffel-Masse mit feuchten Händen 6 flache Puffer formen und im restlichen Maismehl wenden. In einer beschichteten Pfanne das Öl erhitzen und die Puffer darin von jeder Seite 6 Minuten goldbraun braten.

Pro Puffer: 9 g E, 15 g Kh, 13 g F

Tipp: *Dazu passt als Dip eine pikante Würzpaste (z. B. Ajvar, Chili, Senf). Auch lecker dazu: ein erfrischender Tomatensalat.*

2

HAUPTSACHE FISCH

25 Min + 20 Min.
369 kcal pro Portion

Fischfilet mit Knusperkruste

1. Den Ofen auf 200 °C vorheizen. Tomaten waschen, in Scheiben schneiden und den Stielansatz entfernen. Die Zwiebeln schälen, halbieren und in dünne Streifen schneiden, Knoblauch schälen und fein hacken. Fisch kräftig salzen und pfeffern.

2. Zwiebeln im Öl in einer beschichteten Pfanne glasig dünsten, dann Knoblauch und Tomatenscheiben zugeben, mischen und mit Salz und Pfeffer würzen.

3. Eine flache Auflaufform mit der Hälfte Tomatengemüse auslegen, Fisch darauf verteilen und mit dem Gemüse bedecken.

4. Rosmarinnadeln abstreifen, fein hacken, mit Semmelbrösel und Mandeln mischen und auf dem Tomaten-Fisch verteilen. Olivenöl auf dem Belag fein verteilen.

5. Fisch im Ofen auf der mittleren Schiene ca. 20 Minuten backen, bis die Kruste knusprig braun ist. Dazu passen entweder Olivenbrot oder Stampfkartoffeln.

Pro Portion: 35 g E, 16 g Kh, 18 g F

Für 4 Portionen:

- 600 g Eiertomaten
- 2 Zwiebeln
- 2 Knoblauchzehen
- 600 g Zander-, Pangasius-, Seelachs- oder Kabeljaufilets
- Salz, Pfeffer
- 2 EL Rapsöl
- 1 Rosmarinzweig
- 50 g Semmelbrösel
- 50 g ungeschälte gemahlene Mandeln
- 3–4 EL Olivenöl

⌛ 25 Min. + 20 Min.
⚖ 300 kcal pro Portion

Oliven-Fisch

Für 4 Portionen:

- 2 kleine Zwiebeln
- 1–2 Knoblauchzehen
- 2 EL Olivenöl, kaltgepresst
- 500 g Freilandtomaten oder wahlweise 1 Dose geschälte Tomaten (450 g Einwaage)
- Salz, Pfeffer (frisch gemahlen)
- 1 Prise Zucker
- 2 EL TK-Kräuter der Provence (bestehend aus Schnittlauch, Thymian, Petersilie, Estragon, Oregano, Rosmarin, Basilikum)
- Saft von 1 Zitrone
- 600 g Fischfilet (Kabeljau oder Schellfisch)
- 100 g Feta-Käse
- 120 g schwarze Oliven
- einige Basilikumblätter

1. Den Backofen auf 160 °C (Umluft 140 °C, Gas Stufe 1½) vorheizen.

2. Zwiebeln und Knoblauchzehe abziehen. Zwiebeln fein hacken, Knoblauchzehe durchpressen. In einer Pfanne 1 Esslöffel Olivenöl erhitzen, die Zwiebeln und den zerdrückten Knoblauch darin glasig werden lassen.

3. Die Tomaten obenauf kreuzweise einritzen, mit kochendem Wasser übergießen, häuten und zerkleinern. Werden Dosentomaten verwendet, diese mit Flüssigkeit in Stücke schneiden (dabei die Stengelansätze entfernen) oder mit dem Pürierstab grob zerkleinern.

4. Die Masse zu der Zwiebel-Knoblauch-Mischung geben. Unter Rühren leicht köcheln lassen, damit sich die Flüssigkeit reduziert. Mit Salz, Pfeffer und Zucker würzen. Die gehackten Kräuter zufügen und in einen flachen Bräter oder eine feuerfeste Auflaufform geben.

5. Den Fisch abspülen und trockentupfen; eventuell in grobe Würfel schneiden, mit Zitronensaft beträufeln und in die Tomatensauce setzen.

6. Den Feta zerbröckeln und auf dem Fisch verteilen. Die Form in den vorgeheizten Backofen, mittlere Schiene, stellen und etwa 20 Minuten garen.

7. Etwa 5 Minuten vor Ende der Garzeit die Oliven auf dem Fisch verteilen. Restliches Olivenöl darüber träufeln.

8. Zum Anrichten mit dem grob geschnittenen Basilikum bestreuen.

Pro Portion: 31 g E, 8 g Kh, 15 g F

Tipp: *Statt der tiefgefrorenen Kräuter der Provence können Sie auch frische Basilikumblätter verwenden.*

35 Minuten
365 kcal pro Portion

Fischstäbchen mit Möhrenstampf und Erbsen

Für 4 Portionen:

- 600 g Möhren
- 600 g Kartoffeln vorwiegend festkochend
- 2–3 EL Rapsöl
- 200 ml Milch
- 500 g Erbsen, tiefgefroren
- 15 Fischstäbchen (1 große Pckg.)
- Salz, Pfeffer

1. Möhren und Kartoffeln schälen, grob würfeln (Kantenlänge etwa 2 cm) und in Wasser mit etwas Salz garen. Das Kochwasser abgießen, dabei etwa 200 ml auffangen. Möhren und Kartoffeln im Topf zerstampfen, dabei nach und nach 1 EL Öl und die aufgewärmte Milch unterrühren sowie – je nach gewünschter Konsistenz – aufgefangenes Kochwasser. Mit Salz abschmecken und bei geschlossenem Deckel warmhalten.

2. Die Erbsen in einem kleinen Topf mit wenig Wasser (etwa ein Fingerbreit hoch) einmal kurz aufkochen lassen, die Hitze ausschalten und bei geschlossenem Deckel 3 bis 5 Minuten zu Ende garen.

3. Inzwischen die Fischstäbchen nach Packungsanleitung in heißem Öl braten. Es soll richtig heiß sein, sonst nimmt die Panade viel mehr Fett auf. Auf Küchenpapier legen, um überflüssiges Fett aufzusaugen. Fettärmer sind die Fischstäbchen, wenn sie aus dem Ofen kommen, allerdings werden sie dann nicht so knusprig. Mit den Erbsen und dem Stampf servieren.

Pro Portion: 17 g E, 43 g Kh, 14 g F

⧗ 30 Min. + 40 Min.
⚖ 300 kcal p. P. (bei 6)

Fisch an Grapefruitlinsen

Für 4 bis 6 Portionen:

250 g kleine Linsen
2 Knoblauchzehen
1 Zweig Rosmarin (oder ½ TL getrockneter)
1–2 EL heller Balsamessig
2 EL Rapsöl
Salz
1 Zitrone
600 g Weißfischfilets
Tempuramehl (ersatzweise Weizenmehl)
2 EL Rapsöl
1 rosa Grapefruit
100 g Feldsalat (ersatzweise kleiner Romana)

1. Für die Linsen gut 1 l Wasser aufsetzen, die Linsen und geschälte Knoblauchzehen hineingeben, 30 Minuten – ohne Salz – köcheln lassen. Den Rosmarin für die letzten 10 Minuten dazugeben. Die Linsen sollen gar, aber noch fest sein. Linsen gründlich abspülen.

2. Eine Vinaigrette aus Essig und Öl rühren, über die abgetropften Linsen geben, salzen. Mindestens 30 Minuten, besser über Nacht, durchziehen lassen.

3. Zitrone auspressen, Fischfilets mit dem Saft beträufeln, etwa 10 Minuten ziehen lassen. Vor dem Braten abtupfen, salzen, kurz in Tempuramehl (ersatzweise Weizenmehl) wenden, in der heißen Pfanne mit Öl von jeder Seite je nach Dicke der Filets 2 bis 4 Minuten braten.

4. Vor dem Servieren Grapefruit filetieren. Das geht am einfachsten so: Frucht halbieren, mit Grapefruitlöffel oder -messer einzelne Filets auslösen. Alternative: Grapefruit gründlich, mit Schalenweiß, abschälen, Filets heraustrennen. Mit Linsen und Salat anrichten.

Pro Portion: 30 g E, 28 g Kh, 10 g F

Tipps: *Tempuramehl aus dem Asia-Laden ist eine Mischung aus Weizenmehl mit Stärke und Backpulver, die Frittiertes besonders knusprig werden lässt.*

Für größere Mengen den Fisch nach und nach braten, bei 50 °C im Ofen warm halten. Oder von jeder Seite 1 Minute anbraten, dickere Filets wie Lachs auch 2 Minuten, bei 80 °C im Ofen je nach Dicke der Filets 20 bis 30 Minuten zu Ende garen. Die Panade würde im Ofen an Knusprigkeit verlieren, deswegen verzichten Sie besser ganz drauf.

40 Minuten
556 kcal pro Portion

Fisch im knusprigen Brotmantel mit Möhrengemüse

Für 2 Portionen:

4–6 Scheiben Fischfilet à 50–80 g

Salz, Pfeffer

1 Händchen voll Basilikum- oder Petersilienblätter

4–6 ausreichend große Brotscheiben

2–3 EL Olivenöl zum Braten

Möhrengemüse

4 mittelgroße, zarte Möhren

30 g Butter

1 gestrichener EL Zucker

Salz, Pfeffer

2–3 EL Fleischbrühe oder Wasser

etwas Zitronensaft

2–3 Stengel glattblättrige Petersilie

Zitronenschale

1. Die Fischstücke waschen, gut abtrocknen, salzen, pfeffern und in den sehr fein geschnittenen Kräutern wenden, bis sie wie davon paniert aussehen. Jedes Stück in eine Brotscheibe wickeln.

2. Mit der Nahtstelle nach unten in heißes Öl legen – auf diese Weise wird das Paket sofort verschlossen und kann sich nicht mehr auflösen. Ganz sicher geht man, dass das Päckchen zusammenhält, wenn man die Brotscheiben an der Nahtstelle mit Eiweiß einpinselt. Die Fischpäckchen rundum sanft braten, bis das Brot überall schön kross ist. Vorsicht: Nicht zu lange braten, damit der Fisch nicht zu trocken wird, und nicht zu heiß, denn sonst wird das Brot braun und der Fisch ist innen noch glasig.

3. Möhrengemüse: Möhren schaben oder mit dem Sparschäler dünn schälen, in der Küchenmaschine oder mit dem Gemüsehobel in Scheibchen hobeln.

4. Butter in einem kleinen Topf zerlassen und den Zucker darin leicht karamellisieren lassen. Möhrenscheiben zugeben. Salzen und pfeffern, zudecken und fast weich dünsten. Wenn nötig, etwas Fleischbrühe oder Wasser angießen. Damit die Möhren nicht zu weich werden, in dem Moment mit Zitronensaft würzen, wenn sie die richtige Konsistenz haben. Dadurch garen sie nicht mehr weiter und behalten ihren Biss.

5. Petersilie hacken oder in Streifchen schneiden und kurz mitdünsten. Mit abgeriebener Zitronenschale abschmecken.

Pro Portion: 25 g E, 53 g Kh, 26 g F

15 Minuten
181 kcal pro Portion

Fischfilet für Faule aus der Pfanne

Für 4 Portionen:

- 3 EL Currypulver
- Salz, Pfeffer
- 4 Fischfilets (500 g)
- 2 EL ÖL

1. In einer Schüssel Curry, Salz und Pfeffer mischen.

2. Die Fischfilets mit einem Küchentuch trocken tupfen und im Mehlmix beidseitig wenden.

3. In einer beschichteten Pfanne in Öl von jeder Seite etwa 2 Minuten goldbraun braten.

Pro Portion: 23 g E, 4 g Kh, 8 g F

Tipp: *Tiefgefrorene Fischfilets am besten am Vortag aus der Tiefkühlung nehmen, in einer länglichen Auflaufform mit Frischhaltefolie abdecken und im Kühlschrank auftauen.*

Variante: *Statt Currypulver schmeckt auch Paprikapulver edelsüß.*

30 Minuten
290 kcal pro Portion

Fischragout mit Reis und Erbsen

Für 4 Portionen:

- 150 g Langkornreis, parboiled
- 400 g festes Fischfilet (z. B. Seelachs, Seehecht, frisch oder gefroren)
- ½ Bd. Petersilie
- ½ EL Dill (frisch oder getrocknet)
- 30 g Butter
- 2 gestrichene EL Mehl
- 300 ml Milch
- 500 g junge Erbsen, tiefgefroren
- Zitronensaft
- Salz, Pfeffer

1. Den Reis mit der doppelten Menge leicht gesalzenem Wasser aufkochen, dann auf kleinster Stufe zugedeckt ziehen lassen. Die Fischfilets ggf. antauen lassen, in mundgerechte Stücke schneiden. Die Kräuter waschen, trockenschütteln und hacken.

2. Für die Sauce die Butter schmelzen, bei mittlerer Hitze das Mehl unterrühren und kurz andünsten, bis sich ein feiner weißer Belag auf dem Topfboden gebildet hat. Dann schnell zuerst 200 ml warmes Wasser, danach die angewärmte Milch mit einem Schneebesen unterrühren und aufkochen, ohne dass sich Klümpchen bilden (Notfalls mit dem Mixer pürieren). Salzen und pfeffern. Den Fisch dazugeben, noch einmal kurz aufkochen, vom Herd nehmen und zugedeckt etwa 10 Minuten ziehen lassen. Mit etwas Zitronensaft und den Kräutern abschmecken.

3. Inzwischen die Erbsen in sehr wenig Wasser – etwa fingerbreit – mit je 1 TL Salz und Butter 3 bis 5 Minuten zugedeckt garen. Mit dem Fischragout und dem Reis getrennt servieren.

Pro Portion: 22 g E, 36 g Kh, 6 g F

Tipp: *Nur junge Erbsen schmecken süß, später wandelt sich der Fruchtzucker zu Stärke, sie werden mehlig. Für alle gilt: Sie sind reich an Eiweiß und Ballaststoffen.*

45 Minuten
481 kcal pro Portion

Für 4 Portionen:

800 g Kartoffeln
Salz
2–3 Lauchstangen (ca. 700 g)
2 EL Rapsöl
2 EL Mehl
100 ml Weißwein
Pfeffer, Muskatnuss
600 g Fischfilet (Seelachs, Kabeljau oder Pangasius)
1 unbeh. Zitrone
100 ml Sojacreme (oder Sahne)
1 Bd. Petersilie
1 TL grüner Pfeffer

Fischragout in Lauchsauce

1. Die Kartoffeln schälen, je nach Größe ganz lassen oder halbieren. Leicht salzen und im Dämpfer in etwa 20 Minuten garen.

2. Lauch waschen, Wurzel und welke Blattenden abschneiden, Stangen bis zur Mitte aufschlitzen und unter Wasser gründlich waschen. Lauch in schmale Ringe schneiden und im Öl andünsten, dabei mit Mehl überstäuben. Mit Weißwein und 400 ml Wasser angießen, würzen und etwa 15 Minuten weich dünsten.

3. Die Fischfilets waschen und trocken tupfen. Die Zitrone waschen, Schale abreiben, halbieren und Saft auspressen. Fisch mit dem Saft beträufeln und salzen.

4. Ist der Lauch gar, mit dem Pürierstab fein cremig pürieren und Sojacreme darunter ziehen. Petersilie waschen, trocken schütteln, Blätter abzupfen und fein hacken. Pfefferkörner grob zerdrücken.

5. Fisch mit Zitronensaft und grünem Pfeffer in die Lauchsauce legen und bei kleiner Hitze etwa 4 Minuten garziehen lassen. Mit der Hälfte Petersilie bestreuen. Die übrige Petersilie auf die Kartoffeln geben.

Pro Portion: 38 g E, 43 g Kh, 15 g F

30 Min. + 40 Min.
560 kcal pro Portion

Fischgratin mit Kräutern

1. Ofen auf 200 °C vorheizen. Kartoffeln schälen, in dünne Scheiben schneiden, in eine gefettete Auflaufform legen, darüber in Scheiben geschnittene Tomaten geben. Butterflöckchen darauf verteilen, salzen und pfeffern. Form in den Ofen stellen und 25 Minuten backen.

2. Fisch mit Zitrone beträufeln. Speisequark mit 2 Eigelb, dem Parmesan und gehackter Petersilie verrühren.

3. Auflaufform nach 25 Minuten Backzeit aus dem Ofen nehmen, Hitze auf 180 °C reduzieren. Die Fischstücke auf Kartoffeln und Tomaten legen, mit der Quarkmischung bestreichen. Die Auflaufform zurück in den Ofen stellen und weitere 25 Minuten backen.

Pro Portion: 45 g E, 45 g Kh, 9 g F

Tipps: *Luftiger wird die Haube, wenn Sie die beiden Eiweiße geschlagen unterheben. Dann bräunt das Ganze aber schneller, und Sie müssen das Gratin eventuell mit Alufolie abdecken.*

Variieren Sie die Kräuter: Auch Dill, Schnittlauch oder Rucola (etwa 80 g) passen gut.

Kommt der Fisch direkt aus der Tiefkühltruhe, braucht er länger. Das zieht die gesamte Backzeit nicht wesentlich in die Länge, sie verteilt sich aber anders. Dann den Fisch schon nach 20 Minuten auf die Kartoffeln legen, auf 180 °C zurückschalten, das Ganze noch 35 bis 40 Minuten backen. Eventuell zum Schluss abdecken, damit das Gratin nicht zu stark bräunt.

Für 4 Portionen:

- 750 g Kartoffeln
- 1 EL Öl
- 3 mittelgroße Tomaten (oder eine kleine Dose geschälte)
- 1 EL Butter
- Salz, Pfeffer
- 600 – 700 g Weißfisch
- ½ Zitrone
- 200 g Speisequark (20 % Fett i. Tr.)
- 2 Eier
- 50 g geriebener Parmesan
- 1 Bd. Petersilie

20 Minuten
370 kcal pro Portion

Pfannenfisch mit Weißweinbutter

Für 4 Portionen:

200 ml Weißwein

2 Schalotten

2 EL Zitronensaft

400–500 g weißes Fischfilet

120–150 g kalte Butter

Salz

1. In einem kleinen Topf den Weißwein mit den fein gehackten Schalotten und Zitronensaft einkochen, eventuell 2 bis 3 EL Wasser oder Wein dazugeben: Zum Schluss sollen etwa 2 EL Weißweinreduktion bleiben. Salzen.

2. Inzwischen Fischfilets in Portionen schneiden, trocken tupfen. In einer Pfanne mit 1 EL Butter bei mittlerer Hitze kurz dünsten, die Butter soll nicht bräunen. Filets umdrehen, zugedeckt ohne Hitzezufuhr garen lassen. Das dauert unterschiedlich, ein dünnes Filet braucht nur 2 Minuten. Dann erst salzen. Gut ist grobes Fleur de Sel.

3. Die übrige Butter direkt aus dem Kühlschrank in kleine Stücke schneiden, auf einmal in den Topf zur köchelnden Weißweinreduktion geben, beim Untermischen schwenken, bis es aufschäumt. Vom Herd nehmen, nicht wieder erhitzen, die Butter würde sich trennen. Fisch auf vorgewärmte Teller geben, die Sauce darüber.

Pro Portion: 20 g E, 2 g Kh, 30 g F

Tipp: *Dazu passen gedämpfte Kartoffeln und Gemüse wie grüner Spargel.*

3

LACHS, DORADE, ZANDER & CO.

35 Min. + 25 Min.
531 kcal pro Portion

Lachs in Yufkateig

1. Lauch putzen, bis zur Mitte aufschneiden, waschen und in dünne Ringe schneiden. Knoblauch schälen und fein hacken.

2. Mangold putzen, waschen und die breiten Rippen fein würfelig schneiden. Die Blätter sowie Tomaten fein hacken. Zitrone heiß abspülen, Schale fein abreiben, halbieren und den Saft auspressen.

3. Backofen vorheizen (200 °C). 1 EL Öl in einer beschichteten Pfanne erhitzen, Lauch und Mangoldwürfel 5 Minuten anbraten. Mangoldblätter und Knoblauch hinzugeben, zusammenfallen lassen. Kräftig mit Salz, Pfeffer und Muskat würzen. Tomaten und Zitronenschale unterheben.

4. Teigblätter mit einer Mischung aus 4 EL Zitronensaft und 4 EL Öl einpinseln. Überlappend längs auf ein eingeöltes Stück Alufolie legen. Lachs mit dem übrigen Zitronensaft beträufeln, pfeffern, salzen, auf den Teig legen und mit dem Lauch-Spinat-Gemüse belegen (Ränder frei lassen).

5. Teig über dem Fisch zur Rolle übereinanderlegen und beide Enden umschlagen. Mit dem übrigen Ölmix einpinseln. Fisch samt Alufolie auf ein Backblech legen und mittig im Ofen für 20–25 Minuten backen.

Für 4 Portionen:

- 1 Stange Lauch
- 2 Knoblauchzehen
- 500 g Mangold
- 40 g getrocknete Tomaten (ohne Öl)
- 1 unbeh. Zitrone
- 4 EL Rapsöl
- Salz, Pfeffer
- Muskatnuss
- 300 g Yufkateigblätter (ca. 3 Blätter)
- 1 Lachsseite (ca. 1 kg, frisch oder TK)

Pro Portion: 40 g E, 28 g Kh, 28 g F

Zander mit lauwarmem Paprikasalat

45 Minuten
285 kcal pro Portion

1. Die Tomaten abtropfen lassen und das Öl auffangen. Paprika waschen, putzen und in schmale Streifen schneiden. Mit 2–3 EL Öl von den Tomaten vermischen.

2. Backblech mit Alufolie auslegen, einölen, die Paprika mit 1 Zweig Rosmarin darauf verteilen, salzen. Unter den Backofengrill schieben und etwa 8 Minuten grillen, bis sie beginnen zu bräunen.

3. Einen Zweig Rosmarin waschen, trocken schütteln und die Nadeln grob hacken. Knoblauchzehe abziehen, sehr fein hobeln. Die Tomaten in kleine Stücke schneiden. Alles mit Balsamico, Paprikastreifen, Salz und Pfeffer vermengen.

4. Basilikum waschen, trocken schütteln und die Blätter unter den Salat heben. Die Zanderfilets salzen und pfeffern. Die Seite ohne Haut mit Fenchelsamen bestreuen.

5. In einer beschichteten Pfanne mit 1 EL Öl den Zander in 5 Minuten auf der Hautseite knusprig braten. Danach umdrehen und wenige Augenblicke weiter braten. Die Zanderfilets auf dem Paprikasalat anrichten. Dazu passt Reis oder Baguette.

Pro Portion: 27 g E, 10 g Kh, 15 g F

Für 4 Portionen:

- 100 g getrocknete Tomaten in Öl
- 3 Paprika je eine rote, grüne, gelbe
- 2 Zweige Rosmarin
- 1 Knoblauchzehe
- 3–4 EL Balsamicoessig
- Salz, Pfeffer
- 1 Bd. Basilikum
- 4 Zanderfilets (ca. 500 g frisch oder TK)
- 1 EL Fenchelsamen
- 2–3 EL Rapsöl

15 Min + 15 Min.
203 kcal p. P. (bei 4)

Für 2 bis 4 Portionen:

- 1 Stück Heilbutt (ca. 1 kg), quer durch die Mittelgräte geschnitten
- 1 walnussgroßes Stück Ingwer
- 2 Knoblauchzehen
- 1 Chilischote
- 1 Frühlingszwiebel
- Chinesischer Schnittlauch (Knoblauch und Koriandergrün)
- 3 EL Sojasauce
- 1 EL Reiswein oder Sherry
- 1 TL Zucker

Gedämpfte Heilbuttschnitte

1. Den Heilbutt auf einen ausreichend großen, tiefen Teller setzen, der entweder im Dämpfkorb oder auf einem Gitter in den Wok passt.

2. Ingwer, Knoblauch, Chili und Frühlingszwiebel putzen, in feine Scheibchen oder Streifen schneiden und auf sowie unter dem Fisch verteilen. Wer mag, kann noch chinesischen Schnittlauch und Koriandergrün zufügen. Sojasauce, Reiswein oder Sherry über den Fisch angießen und den Zucker darüber streuen.

3. Den Teller entweder im Dämpfkorb oder auf dem Gitter im Wok über kochendes Wasser setzen und den Deckel auflegen. Den Fisch je nach Dicke zwischen 10 und 15 Minuten garen. Er ist gar, wenn an der dicksten Stelle klarer Saft austritt, wenn man mit der Messerspitze das Fleisch von der Gräte löst.

4. Im Teller zu Tisch bringen, das Fleisch dort portionsweise von der Gräte abheben und servieren.

Pro Portion: 41 g E, 1 g Kh, 4 g F

⌛ 30 Min. + 40 Min.
268 kcal pro Portion

Zander auf Fenchelgemüse

1. Den Zander abspülen und trockentupfen. Innen und außen mit dem Saft einer Zitrone beträufeln.

2. Die Fenchelknollen gründlich putzen und waschen, die zarten Blättchen abschneiden und beiseite legen. Fenchelknollen halbieren, den Strunk unten entfernen und die Hälften längs in dünne Streifen schneiden.

3. Den Backofen auf 170 °C (Umluft 150 °C, Gas Stufe 2) vorheizen. Das Öl in einer Pfanne erhitzen, die Fenchelstreifen darin unter Wenden andünsten, wenig salzen und alles in eine Auflaufform geben.

4. Die Kartoffeln waschen, schälen und im Ganzen längs nebeneinander auf dem Gemüse verteilen.

5. Den Fisch innen leicht salzen und mit der Bauchöffnung auf die Kartoffeln setzen.

6. Die restlichen Zitronen schälen, in dünne Scheiben schneiden und seitlich an den Fisch legen. Den Weißwein zugießen. Mit Pfeffer bestreuen.

7. Die Form in den vorgeheizten Backofen, untere Schiene, setzen und 35 bis 40 Minuten backen.

8. Inzwischen die Tomaten obenauf kreuzweise einritzen, mit kochendem Wasser übergießen, häuten, vierteln, die Stengelansätze entfernen, Tomatenstücke entkernen. 5 Minuten vor Ende der Garzeit zum Fisch geben. Eine Prise Salz in etwa 2 bis 3 Esslöffeln Wasser auflösen und den Fisch obenauf damit bestreichen

9. Das beiseitegelegte Fenchelgrün fein schneiden und über das Gericht streuen.

Tipps: *Sie können die Auflaufform mit Alufolie verschließen, um eine zu starke Bräunung zu verhindern.*

Einen besonderen Pfiff bekommt der Fisch, wenn mit den Tomaten etwa 2 Esslöffel Anislikör zur Dünstflüssigkeit gegeben werden.

Für 4 Portionen:

1,2 kg Zander (küchenfertig, mit Schwanz, ohne Kopf)

3 Zitronen

gut 1 kg Fenchelknollen mit Grün

2 EL Pflanzenöl

Salz

100 ml Weißwein

Pfeffer, frisch gemahlen

600 g kleine Strauchtomaten

2–3 große Kartoffeln (als Podest für den Fisch)

Pro Portion: 39 g E, 14 g Kh, 6 g F

20 Min. + 1 Std.
413 kcal pro Portion

Matjes mit Bohnensalat

Für 4 Portionen:

1 kg Bohnen
Salz
1 große Zwiebel
1–2 EL Weißweinessig
2 EL Rapsöl
4 Matjesfilets (je ca. 80 g)
1 rote Paprikaschote
1 Kästchen Gartenkresse
3 EL saure Sahne 10 % Fett
8 EL Joghurt 1,5 % Fett
Pfeffer

Pro Portion: 22 g E, 18 g Kh, 28 g F

1. Die Bohnen waschen, die Enden abknipsen, dabei vorhandene Fäden abziehen und die Bohnen je nach Größe halbieren. 0,2 l Wasser mit Salz aufkochen, Bohnen darin etwa 15 Minuten garen. 5 EL Bohnenwasser für später aufheben.

2. Zwiebel schälen und fein würfelig schneiden, mit Essig, Öl und Bohnenwasser mischen, über die Bohnen geben und abkühlen lassen.

3. Matjesfilets quer in 1 cm breite Streifen schneiden. Die Paprika waschen und das weiße Innere entfernen. Die Paprika fein würfeln. Die Kresse waschen, trocken schütteln und vom Kästchen schneiden.

4. Die Kresse, die Paprikawürfel und die saure Sahne mit dem Joghurt verrühren, Kresse, Paprikawürfel und Matjes unterziehen und mit Salz und Pfeffer abschmecken. Am besten 1 Stunde im Kühlschrank ziehen lassen.

Variante: *Die Paprika lässt sich durch eine halbe Salatgurke austauschen, die Kresse durch zwei Frühlingszwiebeln. Alternativ zum Matjes schmecken zwei Wiener Würstchen oder 200 g Räucherlachs.*

15 Min. + 28 Std.
498 kcal pro Portion

Hering Hausfrauen-Art

1. Die Heringe etwa 16 Stunden wässern, das Wasser zweimal wechseln. Dann die Heringe abziehen, entgräten und die Köpfe abschneiden. Der Länge nach in eine feuerfeste Form legen.

2. Die Milch durch ein Sieb streichen, mit beiden Sahnesorten und Essig verrühren, über dem Fisch verteilen. Das Lorbeerblatt darauf legen und mit Pfeffer bestreuen. Die Zwiebeln schälen, in dünne Ringe schneiden und darüber verteilen. Mit Öl beträufeln und abgedeckt im Kühlschrank etwa 12 Stunden marinieren.

3. Heringsfilets herausheben, in schräge Stücke teilen und in Fischform auf eine Platte legen.

4. Äpfel schälen und vierteln, das Kerngehäuse entfernen und die Spalten quer in dünne Scheiben schneiden. Lorbeer und Pfeffer aus der Sauce entfernen, die Sauce mit Apfelstückchen glatt rühren und über dem Hering verteilen.

Variante: *Einfacher geht es mit Matjes – der muss nicht mehr gewässert werden. Statt Essig dann den milderen Orangensaft nehmen. Statt Äpfeln passen auch Orangen oder Mango.*

Für 4 Portionen:

- 4 Salzheringe mit Milch
- 150 g saure Sahne
- 300 g Schmand
- 1–2 EL Weißweinessig
- 1 Lorbeerblatt
- Pfefferkörner
- 2 kleine Zwiebeln oder Schalotten
- 1–2 EL Öl
- 1–2 säuerliche Äpfel (Berlepsch oder Glockenapfel)

Pro Portion: 16 g E, 11 g Kh, 44 g F

40 Minuten
527 kcal pro Portion

Lachs mit Limetten-Kapern-Sauce und Püree

Für 4 Portionen:

- 500 g mehlig kochende Kartoffeln
- 500 g Möhren
- 4 Lachsfilets (500 g frisch oder TK)
- Salz, Pfeffer
- 2 unbeh. Limetten
- 4 EL Sojacreme (oder Sahne)
- 1 kleines Glas Kapern
- 60 ml Olivenöl
- 1 Bd. Petersilie

1. Den Backofen auf 180 °C vorheizen. Kartoffeln und Möhren schälen, grob in Stücke schneiden und 15–20 Minuten in 150 ml Wasser gar kochen.

2. Lachsfilets salzen, pfeffern und je 1 Filet auf ein quadratisches Stück Alufolie legen. Limetten waschen, Schale fein abreiben und beiseitestellen. Eine Limette in dünne Scheiben schneiden und auf den Filets verteilen. Alufolie fest verschließen und die Päckchen für 20 Minuten im Ofen (Mitte) backen.

3. Das Gemüse mit einem Stampfer nur grob zerkleinern, salzen, pfeffern, mit Sojacreme abschmecken und warm halten.

4. Für die Soße die zweite Limette auspressen und den Saft mit der abgeriebenen Schale, Kapern samt Sud und Öl in einer Pfanne erhitzen. Lachs aus dem Ofen nehmen, die Päckchen öffnen und den Sud aus den Folien auffangen.

5. Fischsud in die Pfanne geben und alles einkochen lassen. Petersilie waschen, trocken schütteln, fein hacken und in die Soße geben. Mit Salz und Pfeffer abschmecken. Gemüsestampf mit Fisch und der Soße servieren.

Pro Portion: 29 g E, 29 g Kh, 32 g F

35 Min. + 25 Min.
574 kcal pro Portion

Überbackenes Kabeljaufilet mit Spritzkartoffeln

Für 4 Portionen:

750 g mehligkochende Kartoffeln
400 g frisches Kabeljaufilet
Salz, Pfeffer
2 EL Zitronensaft
1 Bd. Basilikum
400 g Tomaten
50 g Cashewkerne
50 g geriebener Parmesan
3 EL Rapsöl
1 Ei
2 EL Speisestärke
2 EL Butter
ger. Muskatnuss

1. Backofen auf 200 °C (Ober-/Unterhitze) vorheizen sowie ein Backblech mit Backpapier auslegen. Die Kartoffeln waschen und 20–25 Minuten garen. Abgießen, Kartoffeln pellen, durch die Presse drücken und ausdampfen lassen.

2. Das Kabeljaufilet abspülen, trocken tupfen und mit Salz, Pfeffer und Zitronensaft würzen. In eine flache Auflaufform legen. Basilikum hacken und daraufstreuen, Tomaten in Scheiben schneiden, Stielansatz entfernen und den Fisch mit den Scheiben belegen, salzen und pfeffern.

3. Cashewkerne fein zerkleinern. Mit Parmesan mischen, Mix auf die Tomaten streuen und mit dem Öl beträufeln.

4. Kartoffelpüree mit Ei, Stärke, Butter, Salz, Pfeffer und Muskatnuss vermischen. Die Masse in einen Spritzbeutel mit großer Sterntülle füllen. Rosetten auf das Backblech um das Fischfilet herum setzen. Im Ofen auf der mittleren Schiene 25–30 Minuten garen.

Pro Portion: 31 g E, 39 g Kh, 32 g F

30 Minuten
240 kcal pro Portion

Kabeljaufilet mit Möhren-Lauch-Gemüse

Für 4 Portionen:

400 g Kabeljaufilet (oder Filet von Seelachs, Rotbarsch, Schellfisch, Lengfisch, Lachs, Zander)

1 kleine Zwiebel

3 Möhren

1 kleine Stange Lauch

20 g Margarine

75 g Schmant (ersatzweise Crème fraîche)

Salz, Pfeffer aus der Mühle

Saft von 1 Zitrone

Muskatnuss, gerieben

60 g mittelalter Gouda, gerieben

1. Das Kabeljaufilet abspülen, trockentupfen und mit dem Saft einer halben Zitrone beträufeln, zugedeckt beiseite stellen.

2. Inzwischen die Zwiebel schälen und fein hacken. Möhren waschen, Lauch putzen und waschen. Möhren grob raffeln, vom Lauch nur den weißen und hellgrünen Teil in sehr feine Streifchen schneiden.

3. Etwas mehr als die Hälfte der Margarine in einem kleinen Topf erhitzen, die Zwiebelwürfel darin glasig werden lassen. Das Gemüse zugeben, umrühren und alles kurz zugedeckt dünsten.

4. Den Schmant in das Gemüse rühren, Gewürze, etwas Zitronensaft und Käse zugeben.

5. Den Fisch mit wenig Salz würzen, in eine mit dem restlichen Fett eingefettete Bratpfanne setzen und mit restlichem Zitronensaft beträufeln. Gemüsemischung auf dem Filet verteilen und zugedeckt etwa 4 bis 5 Minuten garen.

Pro Portion: 22 g E, 5 g Kh, 12 g F

Tipps: *Hier die Backofen-Variante: Eine feuerfeste Form einfetten; den leicht mit Salz gewürzten Fisch hineinsetzen, die Gemüse- Schmant-Mischung darauf verteilen. Im vorgeheizten Backofen, 2. Schiene von unten, bei 170 °C (Umluft 150 °C, Gas Stufe 2) etwa 12 bis 15 Minuten garen. 3 Minuten vor Ende der Garzeit den Käse darüber streuen.*

Wenn Sie das Fischfilet in große Würfel schneiden, beträgt die Garzeit jeweils 10 Minuten.

25 Minuten
557 kcal pro Portion

Plattfisch mit Kapernbutter

1. Die Fische innen und außen abwaschen und mit Küchenpapier sehr sorgfältig abtrocknen. Auf einem Stück Küchenpapier das Mehl verteilen, salzen und pfeffern. Die Fische darin drehen und wälzen, dabei immer wieder überschüssiges Mehl abschütteln, bis sie von einem hauchzarten Film überzogen sind.

2. Die Fischpfanne leer erhitzen. Zuerst das Öl hineingeben, das sofort Schlieren ziehen sollte, dann zwei Esslöffel Butter zufügen, die jetzt sehr schnell schmelzen sollte. Bevor sie jedoch bräunt, die Fische einlegen, die Hitze herunter schalten und die Fische erst auf der einen Seite etwa 2 Minuten braten, bis sie appetitlich gebräunt sind, dann auch auf der anderen. Dabei immer wieder an der Pfanne rütteln, damit die Fisch auf dem Fettfilm schwimmen und bewegt werden, ab und zu mit einem Löffel vom heißen Fett über die Oberfläche gießen.

3. Die Fische sind gar, wenn klarer Saft austritt, sobald man sich an der dicksten Stelle mit der Messerspitze von der Seite her zur Gräte tastet.

4. Die Zitrone gut abwaschen, längs halbieren und in dünne Scheiben schneiden. Am Ende die Zitronenscheiben, die Kapern und die restliche Butter in die Pfanne geben, sowie etwas gehackte Petersilie und alles gut durchschwenken, dabei mehrmals auch über die Fische gießen.

5. In einer zweiten (beschichteten) Pfanne die gekochten, gepellten Kartöffelchen in etwas Butter schwenken, dabei mit Salz und Pfeffer würzen und fein gehackte Petersilie zufügen.

6. Die Fische auf vorgewärmten Tellern anrichten, die Kapernbutter darüber verteilen und die Petersilienkartöffelchen daneben legen.

Für 2 Portionen:

- 2 portionsgroße Plattfische (à 300 g)
- Salz, Pfeffer
- 2 EL Mehl
- 2 EL Olivenöl
- 3–4 EL Butter
- 1 unbeh. Zitrone
- 2–3 EL kleine Kapern
- Petersilie
- 400 g kleine Kartoffeln

Pro Portion: 34 g E, 31 g Kh, 32 g F

10 Minuten
170 kcal pro Portion

Lachstatar mit Radieschenstielen

Für 4 Portionen:

300 g Lachs, frisch oder gefroren (rechtzeitig aus der Tiefkühltruhe holen und antauen lassen)

½ Bd. Radieschen

1–2 EL Olivenöl (oder 1 Eigelb)

1 EL Dijonsenf

Tabasco

Salz, Pfeffer

1. Lachs in sehr kleine Würfel schneiden. Von den Radieschen die Stiele abtrennen, Köpfe und Blätter anderweitig verwenden. Stiele waschen, trocken schütteln, sehr klein schneiden.

2. Öl oder Eigelb unter das Tatar rühren, mit dem Senf und einem Spritzer Tabasco würzen. Die klein geschnittenen Stiele daruntermischen. Kalt stellen und bald servieren. Erst kurz vor dem Servieren salzen und pfeffern, sonst wird der Lachs weißlich.

Pro Portion: 16 g E, 12 g F

10 Minuten
582 kcal pro Portion

Matjestatar mit grünen Bohnen

Für 2 Portionen:

- 40 g tiefgekühlte grüne Bohnen
- ½ Apfel (z. B. Braeburn)
- 1 Schalotte
- 3 Matjesfilets
- 2 EL Petersilie, gehackt
- 1 kleiner EL Olivenöl
- ½ Zitrone
- Pfeffer
- 4 Scheiben Schwarzbrot
- 1 EL Butter
- 1 Knoblauchzehe
- 2 Thymianzweige

1. Bohnen in etwa 200 ml kochendem Salzwasser 5 bis 7 Minuten knackig garen, dann eiskalt abschrecken.

2. Apfel und Schalotte schälen und hauchfein würfeln. Die Matjesfilets abspülen, trocknen und klein würfeln. Alles in eine Schüssel geben. Petersilie und Olivenöl dazugeben, mit dem Saft der halben Zitrone und Pfeffer abschmecken.

3. Brot im Toaster knusprig rösten. In einer Pfanne die Butter schmelzen, ganze geschälte Knoblauchzehe und Thymianzweige sowie Bohnen dazugeben. Kurz durchschwenken.

4. Das geröstete noch warme Brot in die Tellermitte legen, die Bohnen darauf arrangieren und je einen guten Esslöffel Matjestatar obendrauf geben.

Pro Portion: 26 g E, 48 g Kh, 31 g F

25 Minuten
450 kcal pro Portion

Makrele mit Zitronen-Kapern-Sauce

Für 4 Portionen:

2 oder 3 Makrelen, filetiert oder ganz, etwa 500 g Filet
1–2 unbeh. Zitronen
1 große Schalotte
2 EL Kapern in Lake
80 g Butter
Salz

Pro Portion: 24 g E, 4 g Kh, 37 g F

1. Makrelen filetiert der Fischhändler. Wenn nicht, versuchen Sie es selbst, vorher ausnehmen muss man Makrelen nicht: Mit einem schmalen Messer hinter den Kiemen bis zur Mittelgräte schneiden, dann die Klinge flach an ihr entlang bis zum Schwanz führen. Auf der anderen Seite wiederholen, Filets abheben. Mit einer Pinzette die Gräten in der Mitte der Filets und am vorderen Bauchlappen herausziehen. Die Haut bleibt dran.

2. Für die Sauce eine Zitrone schälen (Sparschäler). Schalen einmal kurz aufkochen, abgießen, sehr fein hacken. Das geht auch im Blitzhacker, am besten zusammen mit der vorgehackten Schalotte. Kapern dreimal mit einem Sieb kurz in heißes Wasser hängen, jeweils gut ausdrücken, zum Schluss leicht hacken.

3. Die Zitrone auspressen: Es werden 4 EL Zitronensaft benötigt. Mit den Kapern, Schalottenstückchen und der Zitronenschale sowie 3 bis 4 EL Wasser bei niedriger Hitze ohne Deckel auf etwa 2 EL Flüssigkeit einkochen lassen.

4. Für den Fisch 20 g Butter in der Pfanne zerlassen, die Makrelen mit der Hautseite nach unten hineinlegen, leicht salzen, abdecken. Filets nach etwa 2 Minuten umdrehen und zugedeckt 2 bis 3 Minuten bei niedriger Hitze ziehen lassen.

5. Ist die Sauce ausreichend reduziert, 60 g kalte Butter in mehreren Stückchen auf einmal in die köchelnde Sauce rühren, nicht noch einmal aufkochen. Schnell vom Feuer nehmen, mit Salz und Pfeffer abschmecken, mit dem Fisch servieren.

Passt dazu: *500 g Bohnen in einer Pfanne mit Deckel in je 1 EL Butter und Wasser 15 Minuten bissfest dünsten, salzen.*

20 Minuten
280 kcal pro Portion

Weiße Bohnen mit Anchovis

1. Die Bohnen abgießen, abtropfen lassen. Anchovisfilets in Salz abspülen, in Öl eingelegte Anchovis können Sie gleich verwenden. In kleine Stücke schneiden, dabei 6 Filets zur Dekoration nur halbieren. Die Kapern ab-gießen und hacken. Radicchio und Frühlingszwiebeln abspülen, trocken schleudern, Frühlingszwiebeln schräg in feine Ringe schneiden, dunkelgrüne Enden nicht verwenden.

2. Anchovis mit Kapern und Balsamico mischen, dann mit den Bohnen und dem Öl vermengen. Mit Salz, Pfeffer und eventuell noch etwas mehr Balsamico abschmecken, zum Schluss die Frühlingszwiebeln dazugeben.

3. Den Bohnensalat auf den Radicchio-Blättern servieren, die halbierten Sardellenfilets darüberlegen.

Pro Portion: 6 g E, 17 g Kh, 20 g F

Für 4 Portionen:

- 1 Dose kleine weiße Bohnen, etwa 250 g Abtropfgewicht
- 25–30 Anchovisfilets (2 kleine Gläser)
- 3 EL Kapern in Lake
- einige Blätter Radicchio
- 2–3 Frühlingszwiebeln
- 3 EL Balsamico (dunkel oder hell)
- 5–6 EL Olivenöl
- Salz, Pfeffer

20 Minuten
180 kcal p. P. (bei 3)

Forelle blau

Für 2 bis 3 Portionen:

- 2–3 frische Forellen
- 1 Zwiebel
- 1 Stück Möhre
- ½ Lauchstange
- einige Petersilienstengel
- 1–2 Selleriestangen
- 3–4 Zitronenscheiben
- 1 TL weiße Pfefferkörner
- 1 TL schwarze Pfefferkörner
- Salz
- 1 Glas Weißwein
- 3 EL Essig

1. Die Forellen vorsichtig anfassen, nicht unnötig waschen oder abwischen, damit die Schleimschicht an der Haut nicht zerstört wird, die nachher dafür sorgt, dass die Forelle schön blau wird.

2. Zwiebel, Möhre, Lauch putzen, schräg in dünne Scheiben schneiden und in den Fischkochtopf füllen. Mit Wasser handbreit bedecken. Die Petersilienstiele zufügen. Sellerie in Scheibchen schneiden, mit den Zitronenscheiben, Pfeffer, Salz, auch dem Wein und Essig in den Topf geben. Zugedeckt etwa 10 Minuten leise köcheln.

3. Die Fische auf den Siebeinsatz betten und in den kochenden Sud tauchen. Die Hitze jetzt so regulieren, dass der Sud nicht mehr kocht. Nur wenige Minuten ziehen lassen. Zwischen 5 bis 10 Minuten, je nach Größe der Fische.

4. Dazu gibt es Pellkartöffelchen und braune Butter, außerdem ein trockener Riesling, etwa eine Spätlese aus der Pfalz, aus Rheinhessen oder von der Nahe.

Pro Portion: 34 g E, 0 g Kh, 5 g F

30 Minuten
340 kcal pro Portion

Thunfischsteak mit Rotweinbutter an Selleriepüree

1. Den Thunfisch über Nacht im Kühlschrank auftauen lassen. Mindestens 90 Minuten vor der Zubereitung aus dem Kühlschrank nehmen. Wenn er in die Pfanne kommt, sollte er Zimmertemperatur haben, besser noch etwa Körpertemperatur. Dann kann man ihn so kurz braten, dass er saftig bleibt. Notfalls vor dem Braten kurz bei 30 bis 35 °C in den Backofen legen.

2. Sellerieknolle in etwa 1 cm dicke Scheiben schneiden, dann die Schale von den Scheiben entfernen. In kleine Stücke schneiden und mit etwas Wasser entweder 3 Minuten dämpfen oder im Mikrowellengerät abgedeckt mit 1 EL Wasser 3 bis 5 Minuten garen. Das Gemüse soll noch relativ fest sein. Mit der Sahne kurz pürieren, dabei etwas stückig lassen. Mit einer Prise geriebenem Muskat und Salz abschmecken, etwas Butter unterrühren.

3. Die Schalotte schälen und sehr klein schneiden, eventuell mit dem Mixstab nachhelfen. Mit dem Rotwein in einem kleinen Topf köcheln lassen, bis die Flüssigkeit gerade noch den Boden bedeckt. Leicht salzen, vom Feuer nehmen, mit 50 g sehr kalten Butterstückchen aus dem Kühlschrank ohne zu kochen vermischen. Es können auch 70 g sein, dann wird die Sauce sämiger.

4. Die Thunfischscheiben mit 1 EL Öl von jeder Seite eine Minute scharf anbraten, auf angewärmte Teller legen, Rotweinbutter darübergeben. Mit Selleriepüree servieren. Dazu passt Rosenkohl.

Pro Portion: 26 g E, 12 g Kh, 15 g F

Für 4 Portionen:

500 g Thunfisch, gefroren (mit MSC-Siegel)
500 g Sellerieknolle, etwa 400 g geschält
2–3 EL Sahne
1 Prise Muskat
50–100 g Butter
1 große Schalotte
250 ml Rotwein
Salz
1 EL Öl

35 Min. + 3 Tage
296 kcal pro Portion

Lachs – gebeizt (Graved Lachs)

Für 4 Portionen:

- 500 g Lachskotelett im Stück mit Haut (Mittelgräte entfernen lassen)
- 1–2 Bd. Dill
- 3 EL grobes Salz
- 3 EL Zucker
- 1 EL schwarzer Pfeffer, grob geschrotet

Senfsauce

- 150 g Joghurt, 3,5 % Fett
- 2 TL milder Senf
- 1–2 TL Honig
- 6 abgezogene Mandeln, fein gehackt
- 2–3 Stiele Dill, fein geschnitten

1. Den Fisch außen und innen abspülen und sehr gut trockentupfen. Den Dill abbrausen, trockentupfen, die Dillspitzen vom Stengel abschneiden. Die Lachshälften auseinander klappen, die Innenseiten mit Salz, Zucker und Pfeffer bestreuen. Mit Dillspitzen belegen.

2. Die Hälften wieder zusammenklappen, den Fisch in einen Gefrierbeutel wickeln, in ein Gefäß (am besten einen kleinen Steintopf) legen und beschweren. An einem kühlen Ort (z. B. im Gemüsefach des Kühlschranks) etwa 2 bis 3 Tage ruhen lassen.

3. Zwischendurch den Gefrierbeutel mit dem Fisch wenden, um die Lake zu verteilen.

4. Für die Senfsauce Joghurt, Senf und Honig verrühren, Mandeln und Dill einrühren.

5. Zum Anrichten den Fisch auseinander klappen, Gewürze und Dill entfernen. Jede Hälfte schräg in Scheiben schneiden. Eventuell erneut mit geschnittenem Dill bestreuen. Mit der Senfsauce servieren.

Pro Portion: 22 g E, 6 g Kh, 19 g F

Tipps: *Der Lachs kann zusätzlich mit zerdrückten Korianderkörnern oder Fenchelsamen gewürzt werden. Statt Dill passt auch Basilikum.*

Als Hauptgericht können Sie Graved Lachs mit Senfsauce und Salzkartoffeln servieren.

Sehr gut schmeckt gebeizter Lachs auch mit Kartoffelsalat, der nur mit Salz, Pfeffer, Weißweinessig und Pflanzenöl angemacht ist. Zusätzlich einen kleinen Teelöffel Walnussöl unter den Salat mischen und mit grob gehackten Walnüssen bestreuen.

20 Minuten
256 kcal p. P. (bei 3)

Gebackene Schleie

Für 2 bis 3 Portionen:

1 küchenfertige Schleie (ca. 600–800 g)

Salz, Pfeffer

50 g Mehl

ca. 500 ml Erdnuss- oder Olivenöl

1. Den Fisch innen und außen waschen, gut abtrocknen, innen salzen und pfeffern. Das Mehl auf einem Stück Küchen- oder Zeitungspapier verteilen, mit Salz und Pfeffer bestreuen. Den Fisch darin drehen und wälzen, bis er rundum hauchdünn davon überzogen ist. Überschüssiges Mehl abschütteln.

2. Das Öl im Wok erhitzen. Den Fisch Kopf voraus hinein gleiten lassen und jetzt mit einer flachen Kelle oder mit der tiefen Bratschaufel immer wieder mit dem siedenden Fett beschöpfen.

3. Nach 2 Minuten den Fisch wenden, auch von der anderen Seite immer wieder beschöpfen. Der Fisch ist gar, wenn er appetitlich knusprig ist.

Pro Portion: 24 g E, 7 g Kh, 14 g F

Tipp: *Diese Garmethode wenden die Chinesen auch für ganze Brathähnchen an. Dafür wird ein kleineres Hähnchen gewürzt und mariniert. Dann wird es abgetrocknet und zunächst rundum ins siedende Öl getaucht. Anschließend hält man es an den zusammengebundenen Beinen über den Wok, aus dem man mit der Wokkelle immer wieder heißes Öl über alle Teile schöpft, so lange, bis das Hähnchen rundum gebräunt und knusprig ist. Natürlich braucht man dazu Geduld, aber das Ergebnis ist umwerfend!*

20 Min. + 30 Min.
250 kcal pro Portion

Dorade – Ganz einfach gebacken

Für 4 Portionen:

4 Doraden (je 350–400 g)

1 EL grobes Salz

2 Frühlingszwiebeln

1 Bd. Petersilie

2 unbeh. Zitronen

2 EL Butter

1 EL grobes Salz

1. Backofen auf 180 °C vorheizen (Ober- und Unterhitze, keine Umluft). Doraden ausnehmen, waschen, trocknen, innen leicht salzen. Frühlingszwiebeln in 5 cm lange Stücke schneiden. Jeden Fisch mit einem Stück Frühlingszwiebel, gewaschener, klein geschnittener Petersilie und 2 dünnen Zitronenscheiben füllen. Etwas Petersilie übrig lassen.

2. Backblech mit 1 EL Butter ausstreichen, etwas körniges Salz daraufstreuen, die Fische flach darauflegen, noch einmal mit Salz bestreuen. Mit Butterflöckchen und den restlichen Zitronenscheiben belegen.

3. In der Mitte des vorgeheizten Backofens 25 bis 35 Minuten garen. Zum Servieren mit Zitronenscheiben und Petersilie belegen. Dazu eignen sich schlichte Kräuterkartoffeln oder Brot.

Pro Portion: 33 g E, 0 g Kh, 11 g F

Tipps: *Achten Sie beim Kauf auf glänzend feste Haut, auf klare, pralle Augen, eng anliegende Kiemen. Sie zeugen bei allen Fischen von Frische. Doraden haben kaum feste Schuppen.*

Halten Sie die Gartemperatur ein, sonst wird der Fisch schnell trocken. Herkömmliche Ober- und Unterhitze ist günstiger als die stärker austrocknende Umluft. Der Fisch ist gar, wenn man die Haut mühelos abheben kann.

Ebenso gut wie kalorienreich sind Kräuterbrösel dazu: 2 EL Semmelbrösel mit 1 gehackten Knoblauchzehe in 4 EL Öl anbraten, reichlich gehackte Petersilie unterheben.

15 Minuten
188 kcal pro Portion

Matjes-Häckerle

Für 4 Portionen:

- 4 doppelte Matjesfilets (250 g)
- 1 Bd. Radieschen
- 1 Stück Ingwer
- 1 Bd. Schnittlauch
- ½ unbeh. Zitrone
- 1 Prise brauner Zucker
- 1 TL Wasabipaste

Pro Portion: 13 g E, 2 g Kh, 14 g F

1. Von den Matjes die Schwänze abschneiden und die Filets in etwa 1 cm große Würfel schneiden.

2. Radieschen von Grün und Wurzeln befreien, waschen und grob hacken. Ingwer schälen und sehr fein hacken. Schnittlauch waschen und in feine Röllchen schneiden.

3. Alle Zutaten aus den Schritten 1 und 2 miteinander mischen.

4. Zitrone waschen, Schale dünn abreiben, Saft auspressen, beides mit Zucker und Wasabi mischen und unter das Häckerle mischen.

Info: *Matjes gab es früher nur Ende Mai bis Juni/Juli. Sie sind noch nicht geschlechtsreif und besonders zart, fleischig und fett. Heute werden sie ganzjährig angeboten – zum Schutz vor Nematodenbefall müssen sie bei minus 45 °C gefroren werden und können dann nach Bedarf eingesalzen werden. Matjes werden nur leicht gesalzen und fermentieren danach. Deshalb müssen sie weder gewässert noch ausgenommen werden.*

50 Minuten
453 kcal pro Portion

Lachsforellenfilet in Pergament

Für 4 Portionen:

- 600 g neue Kartoffeln
- 4 Lachsforellenfilets (je 150 g)
- Salz, Pfeffer
- 300 g Zuckerschoten
- 2 cm frischen Ingwer
- 1 rote Chilischote
- 4 Stängel Zitronengras
- Pergamentpapier (Butterbrotpapier)
- 4 EL Olivenöl
- 2 EL Sesamsamen

1. Backofen auf 160 °C vorheizen. Kartoffeln waschen und in wenig Wasser garen. Fisch mit einem Küchenpapier abtupfen, evtl. Gräten entfernen, salzen und pfeffern. Zuckerschoten waschen, Enden abknipsen und evtl. Fäden abziehen.

2. Ingwer schälen und fein hacken. Chili entstielen, entkernen und in dünne Ringe schneiden. Zitronengras mit der flachen Seite eines großen Messers zerdrücken.

3. Für die Forellenfilets 30 cm × 30 cm Pergamentstücke zuschneiden, einölen. Die Hälfte Zuckerschoten darauf verteilen, salzen, Filets darauf legen, Ingwer, Zitronengras, Chilis und übrige Zuckerschoten über dem Fisch verteilen. Mit 2 EL Olivenöl beträufeln, Papier und Enden dicht verschließen. Päckchen im Backofen etwa 20 Minuten garen.

4. Kartoffeln pellen. In einer Pfanne die Sesamsamen goldgelb rösten, übriges Öl und Kartoffeln zugeben, salzen und darin schwenken.

Pro Portion: 38 g E, 32 g Kh, 19 g F

Variante: *Schmeckt auch mit Lachsfilet – ist dann aber fetter.*

15 Min. + 20 Min.
229 kcal pro Portion

Steinbutt aus dem Rohr

1. Den Steinbutt waschen, auch innen. Gut abtrocknen. Mit einem scharfen Messer auf beiden Seiten oberhalb und unterhalb der Mittellinie das Fleisch einschneiden, die Schnitte so weit auseinander setzen, dass jeweils eine Portion abgeteilt wird. Dann lässt sich der Fisch später auch besser vorlegen. In die Schnittstellen Salz und Pfeffer reiben. 3 EL Olivenöl mit abgeriebener Zitronenschale und gehackter Petersilie verrühren und ebenfalls zwischen die Schnittflächen verteilen.

2. Den Fisch mit der hellen Seite nach unten auf ein tiefes Backblech legen. Im 200 °C heißen Ofen (Heißluft; 220 °C Ober- und Unterhitze) etwa 20 Minuten garen. Der Fisch ist fertig, wenn die Schnittflächen sich appetitlich hervorwölben.

3. Den Saft vom Blech in einen Mixbecher gießen, Zitronensaft zufügen und 2 bis 3 EL Olivenöl. Mit dem Mixstab glatt mixen. Die cremige Sauce mit Salz und einer Prise Zucker abschmecken.

4. Zum Vorlegen das Fleisch entlang der Schnitte von der Gräte lösen, mit der Haut nach oben auf vorgewärmten Tellern anrichten und mit etwas Sauce beträufeln.

Für 6 Portionen:

1 ganzer Steinbutt von 1,8–2 kg
Salz, Pfeffer
5 EL Olivenöl
1 unbeh. Zitrone
glatte Petersilie
1 Prise Zucker

Pro Portion: 30 g E, 0 g Kh, 11 g F

20 Minuten
457 kcal pro Portion

Gebratene Rotfeder mit Zucchinigemüse

Für 2 Portionen:

2 mittlere Rotfedern (à 300 g)
3–4 EL Mehl
Salz, Pfeffer
Petersilie oder Basilikum
3 EL Olivenöl zum Braten

außerdem

2–3 kleinere Zucchini
2 EL Olivenöl
2–3 Knoblauchzehen
1–2 Chilischoten (nach Schärfe)
Basilikum
etwas Zitronensaft

1. Die Fische innen gründlich auswaschen, außen gut abtrocknen. Die Seiten mit dicht an dicht und akkurat nebeneinander gesetzten Schnitten einschneiden.

2. Mehl auf ein Stück Küchenpapier verteilen, salzen und pfeffern, die Fische darin wenden, alles überschüssige Mehl abschütteln. Petersilien oder Basilikumblätter in den Bauch stecken.

3. Die Fischpfanne stark erhitzen, das Öl zufügen und darin die Fische auf beiden Seiten schön knusprig braten.

4. In der Zwischenzeit die Zucchini putzen, längs halbieren und quer in Scheiben schneiden. Knoblauch fein würfeln, ebenso die Chili(s) fein würfeln, nachdem alle Kerne herausgestreift wurden. In einer beschichteten Pfanne im heißen Öl die Zucchini zuerst bei starker Hitze anbraten, dabei salzen und pfeffern, dann die Hitze reduzieren und den Knoblauch sowie Chili zufügen. Einige Minuten dünsten, das fein geschnittene Basilikum untermischen. Mit etwas Zitronensaft abschmecken.

Pro Portion: 30 g E, 9 g Kh, 32 g F

25 Minuten
545 kcal pro Portion

Heilbutt mit Zitronenzesten und gerösteten Kartoffeln

1. Die Fischstücke mit ihrer Hautseite nach unten in das mäßig heiße Öl legen – sie sollen sanft braten, auf keinen Fall zu schnell bräunen. Die Oberseite der Fischstücke mit Salz und Pfeffer würzen.

2. Die Zitronenschale mit einem Zestenreißer in feine Streifen schneiden. Diese neben den Fisch in die Pfanne streuen und sanft mitbraten, nach 2 Minuten mit Zucker bestreuen und karamellisieren.

3. Die Tomätchen rund um ihren Stielansatz mit einem spitzen Messer einritzen und auf der anderen Seite neben dem Fisch mitbraten, dabei einige Male wenden, damit sie rundum genügend Hitze bekommen. Sobald sie weich sind, kann man mit den Fingern die Haut ganz leicht abziehen. Auch die Tomaten mit Salz und Pfeffer würzen, am Ende feingeschnittene Kräuter zufügen.

4. Zum Schluss den Fisch jeweils auf die Fleischseite umdrehen und auch auf dieser Seite kurz angehen lassen – er soll dabei aber kaum Farbe nehmen, sondern durch und durch saftig bleiben.

5. Schließlich die Stücke zusammen mit den Tomätchen jeweils auf Tellern anrichten und mit den Zesten bestreuen.

Geröstete Kartoffeln: Festkochende Kartoffeln schälen, halbieren oder sogar vierteln. Auf einem mit Backpapier belegten Blech verteilen, dabei mit Pfeffer und einem guten Schuss Olivenöl umwenden. Bei 180 °C (Heißluft; Ober- und Unterhitze 200 °C) etwa 15 bis 20 Minuten backen, bis die Kartoffeln goldbraun sind. Erst jetzt salzen, dann bleiben sie knusprig.

Für 2 Portionen:

2 Portionsstücke Heilbutt à 120 g
3 EL Olivenöl
Salz, Pfeffer
1 unbeh. Zitrone
½ TL Zucker
6–8 Cocktailtomaten
glatte Petersilie oder Basilikum

Geröstete Kartoffeln

500 g festkochende Kartoffeln
Salz, Pfeffer
Olivenöl

Pro Portion: 28 g E, 34 g Kh, 32 g F

15 Min. + 30 Min.
226 kcal pro Portion

Selbst geräucherte Forelle

Für 4 Portionen:

- 4 küchenfertige Forellen (à ca. 200 g)
- Salz, Pfeffer
- 8 Salbeiblätter
- 25 g Räuchermehl
- 1 Zweig Rosmarin

Pro Portion: 41 g E, 7 g F

1. Die Forellen innen und außen abspülen und etwas trocken tupfen. Innen und außen salzen und pfeffern. Die Salbeiblätter waschen und den Fisch damit füllen.

2. Einen Wok mit Alufolie auslegen und das Räuchermehl mit dem Rosmarin hineinstreuen. Ein Gitter darüberlegen und den Fisch auf dem Gitter verteilen. Wok verschlossen bei hoher Hitze kräftig erhitzen, bis das Räuchermehl stark raucht. Wok wenn möglich ins Freie stellen und den Fisch darin mindestens 30 Minuten räuchern.

3. Die Forelle schmeckt am besten noch lauwarm – dann ist sie sehr saftig. Im Kühlschrank bleibt sie aber auch noch 2 bis 3 Tage frisch.

Info: *Räuchermehl wird meist aus Buchenholz gewonnen. Sie bekommen es im Angelgeschäft. Alternativ können Sie auch andere Holzmehle verwenden. Wichtig ist, dass diese kein Harz enthalten, sonst entwickeln sich unerwünschte Dämpfe. Die Alufolie im Wok verhindert starke Verschmutzung. Als Gitter eignet sich beispielsweise ein Kuchengitter.*

Tipp: *Je mehr der Fisch wiegt, desto länger dauert die Räucherzeit. Lieber eine kleine Garprobe zwischendurch machen, als zu lange zu räuchern: Das macht den Fisch nämlich trocken. Wenn sich die Gräten einfach vom Bauchfleisch lösen lassen, ist er fertig.*

25 Min. + 2 Std.
493 kcal pro Portion

Panierte Lotteschnitte mit Salat von blauen Kartoffeln

1. Die Fischstücke zuerst in Mehl wenden, gut abschütteln, damit nur ein feiner Film sie überzieht.

2. Eier mit Salz, Pfeffer und Curry verquirlen – sehr kräftig würzen, denn der Fisch soll dadurch seine Würze bekommen. Die Fischstücke durch das verquirlte Ei ziehen und anschließend in den Bröseln wenden, auch hier alles Überschüssige abklopfen, damit die Hülle wirklich dünn ist!

3. Das Fett auf 170 °C erhitzen. Die Fischstücke darin goldbraun backen. Auf Küchenpapier abtropfen und sofort servieren.

4. Deshalb sollte der Kartoffelsalat jetzt schon fertig sein: Dafür die Kartoffeln etwa zwei Stunden vorher garkochen. Nur wenig abkühlen lassen, lieber noch warm pellen, denn gerade die blauen Kartoffeln lassen sich warm leichter schälen.

5. Mit dem kleinen Messer oder auf dem Gurkenhobel in dünne Scheiben hobeln. Die Zwiebeln etwas feiner hobeln, das Grün mit dem Messer in feine Scheibchen schneiden. Chili oder Paprika winzig würfeln.

6. Alles in einer Schüssel mit der heißen Brühe begießen, sofort salzen, den Essig zufügen und nun alles gründlich mischen. Erst, wenn der Salat saftig erscheint, das Öl zufügen. Nochmals alles gründlich umwenden und kräftig abschmecken! Vor allem auf Salz und Säure achten.

Pro Portion: 26 g E, 41 g Kh, 23 g F

Für 4 Portionen:

- 8 Portionsstücke Lottenfilet à 50–60 g
- ca. 4 EL Mehl
- 2 Eier
- Salz, Pfeffer
- ½ TL Curry oder Raz el Hanout (marokkanische Gewürzmischung)
- ca. 60 g Semmelbrösel
- Öl oder Butterschmalz zum Frittieren

Salat

- 800 g blaue Kartoffeln
- 2 junge weiße Zwiebeln
- 1 milde rote Chilischote oder ½ rote Paprika
- 3–4 EL heiße Brühe
- 3 EL Essig
- Salz, Pfeffer
- 2–3 EL Olivenöl

20 Minuten
880 kcal pro Portion

Heilbutt auf Currylinsen

Für 2 Portionen:

- 120 g kleine Linsen (Le Puy oder Pardina)
- 2 Thymianzweige
- 2 Rosmarinzweige
- 1½ Zwiebeln
- 1 Möhre
- ¼ Sellerieknolle
- 400 g Heilbuttfilet mit Haut (oder Filet eines anderen Weißfischs)
- Mehl
- 2 EL Olivenöl
- 1 EL Butter
- 1 TL Currypulver
- Salz, Pfeffer, Zucker
- 200 ml Sahne
- Zitronensaft

1. Backofen auf 150 °C Ober- und Unterhitze vorheizen. Wasser zum Kochen bringen, darin die Linsen mit 1 Thymianzweig, 1 Rosmarinzweig und einer halben, geschälten Zwiebel 10 bis 15 Minuten gar kochen (Packungsangabe beachten).

2. In der Zwischenzeit Möhre, Sellerie und 1 Zwiebel schälen, in kleine Würfel schneiden, beiseitestellen.

3. Heilbuttfilet in zwei gleich große Stücke teilen, die Haut zwei- bis dreimal vorsichtig einschneiden, Hautseite in etwas Mehl wenden. 1 EL Olivenöl in einer ofentauglichen Pfanne erhitzen, Filet auf der Hautseite etwa 5 Minuten anbraten. 1 Rosmarin- und 1 Thymianzweig dazugeben.

4. Während der Fisch brät, in einer weiteren Pfanne in 1 EL Olivenöl und 1 EL Butter das kleingeschnittene Gemüse scharf anbraten und mit Currypulver sowie Salz, Pfeffer und einer Prise Zucker würzen. Hitze reduzieren.

5. Den Fisch in der Pfanne wenden und die Pfanne in den vorgeheizten Backofen stellen. Dort noch ein paar Minuten ziehen lassen, bis die Linsen und das Gemüse fertig sind. Die Linsen abgießen und abspülen, ohne Kräuter zum Gemüse geben, durchschwenken und Sahne hinzufügen. Mit einigen Spritzern Zitronensaft sowie Salz und Pfeffer abschmecken. Den Fisch erst jetzt, kurz vor dem Servieren, mit Salz und Pfeffer würzen.

Pro Portion: 59 g E, 42 g Kh, 52 g F

Rotbarben mit Zitronen-thymian-Bohnen

⧗ 20 Minuten
478 kcal pro Portion

Für 2 Portionen:

- 1 kleine Dose weiße Bohnen (170 g Abtropfgewicht)
- 1 große Schalotte
- 1 Knoblauchzehe
- 2–3 mittelgroße Tomaten
- 2 EL Olivenöl
- 2 EL Butter
- 1 kleine Handvoll Zitronenthymian-Zweige
- 2 große oder 4 kleine Rotbarbenfilets
- Mehl
- Salz, Pfeffer
- 1 EL Petersilie, gehackt
- Zitronensaft

1. Wasser im Wasserkocher vorkochen. Bohnen abspülen und abtropfen lassen. Schalotte und Knoblauch schälen und klein schneiden. Die Tomaten über Kreuz einritzen, mit kochendem Wasser überbrühen, Haut abziehen und klein würfeln.

2. 1 EL Olivenöl und 1 EL Butter in einer Pfanne erhitzen, Schalotte, Knoblauch, Tomatenwürfel und Zitronenthymian darin anschwitzen. Die abgetropften Bohnen dazugeben und für etwa 10 Minuten bei kleiner Hitze köcheln lassen.

3. In der Zwischenzeit die Haut der Rotbarbenfilets mit einem Messer zwei- bis dreimal einritzen und die Fische in etwas Mehl wenden, in einer weiteren Pfanne 1 EL Olivenöl erhitzen und die Rotbarben darin auf der Hautseite etwa 4 Minuten knusprig anbraten, mit Salz und Pfeffer würzen. Dann die Rotbarben umdrehen, 1 EL Butter dazugeben und in etwa 2 Minuten zu Ende braten.

4. Die Petersilie unter das Bohnen-Tomaten-Gemüse geben, mit einigen Spritzern Zitronensaft sowie Salz und Pfeffer abschmecken. Das Bohnengemüse in die Tellermitte geben und mit den Rotbarbenfilets belegen.

Pro Portion: 33 g E, 22 g Kh, 28 g F

25 Minuten
677 kcal pro Portion

Skrei auf Lauchgemüse

Für 4 Portionen:

- 800 g festkochende Kartoffeln
- 3 Stangen Lauch
- 1 süßer roter Apfel
- 1 grüner Apfel
- 3 EL Butter
- 2 EL Olivenöl
- 25 g magere Speckwürfel
- 1 EL eingelegter grüner Pfeffer
- 800 g Skrei- oder Kabeljaufilet, ohne Haut (4 Stücke à 200 g)
- Mehl
- 8 Thymianzweige
- Salz, Pfeffer
- 200 ml Sahne
- 100 ml Gemüsebrühe
- 1 TL Honig
- 1 TL Senf
- 2 EL Petersilie, gehackt

1. Kartoffeln waschen. Ungeschält in Salzwasser aufsetzen und etwa 20 Minuten kochen.

2. Lauch waschen und in 1 cm breite Ringe schneiden. Äpfel waschen, abreiben, vierteln, entkernen und in 0,5 cm dünne Scheiben schneiden.

3. In 2 Pfannen jeweils 1 EL Butter und Olivenöl erhitzen. In die eine Pfanne Lauch, Äpfel, Speckwürfel und den grünen Pfeffer geben, gut durchschwenken. Skreifilets in etwas Mehl wenden und mit den Thymianzweigen in die andere heiße Pfanne geben. Beide Pfannen mit Salz und Pfeffer würzen.

4. Lauch mit Sahne und Brühe ablöschen, anschließend mit Honig und Senf abschmecken.

5. Kartoffeln abgießen, in eine Schüssel geben und mit 1 EL Butter sowie der Petersilie vorsichtig vermengen. Lauchgemüse in der Tellermitte anrichten, je ein Filet obendrauf setzen. Dazu die Kartoffeln servieren.

Pro Portion: 43 g E, 47 g Kh, 33 g F

30 Min. + 1 Std.
503 kcal pro Portion

Forellenklößchen

1. Die Forelle waschen, ausnehmen, die Haut entfernen und die Forelle filetieren. Zitrone halbieren, eine Hälfte auspressen, die andere in Scheiben schneiden. 1 l Wasser mit den Fischabfällen, einer geschälten, halbierten Zwiebel, Salz, Salbeiblättern und Zitronenscheiben zum Kochen bringen und etwa 1 Stunde kochen lassen, absieben, auf 500 ml einkochen.

2. Inzwischen das Brot entrinden, klein schneiden und in der Hälfte Sahne einweichen. Petersilie und Dill waschen, Blättchen abzupfen und im Blitzhacker fein hacken, die Hälfte beiseitelegen.

3. Den Fisch mit dem Rest Kräuter im Blitzhacker pürieren und mit dem Sahnebrot, dem Ei, Salz und Pfeffer glatt mixen.

4. Für die Sauce die Butter schmelzen und mit dem Mehl anschwitzen. Fischfond zugeben und etwa 5 Minuten leicht kochen lassen. Dann die Kräuter und die Sahne unterziehen, mit Zitronensaft, Salz und Pfeffer abschmecken. Klößchen abstechen und in der Sauce etwa 4 Minuten pochieren.

Pro Portion: 43 g E, 24 g Kh, 26 g F

Restetipp: *Die Klößchen gelingen auch mit gegartem Fisch – also auch aus Resten vom Vortag.*

Für 4 Portionen:

- 2 Forellen (à 250–350 g)
- 1 unbeh. Zitrone
- 1 Zwiebel
- Salz
- 5–6 Salbeiblätter
- altbackenes Brot/Brötchen (100 g)
- 120 ml süße Sahne
- 1 Ei
- 1 Bd. Petersilie und Dill
- weißer Pfeffer
- 40 g Butter
- 1 EL Mehl

30 Minuten
705 kcal pro Portion

Zander mit Kräuterkruste

Für 4 Portionen:

800 g Zanderfilet, ohne Haut in 8 Stücke geschnitten
½ unbeh. Zitrone
50 g Semmelbrösel
5 EL Olivenöl
4 EL körniger Senf
1–2 EL Honig
50 g Mandeln, gehackt
je 1 EL Thymian, Petersilie und Estragon, gehackt
1 Bd. Möhren
2 Tassen Jasminreis
Salz, Pfeffer, Zucker
1 Zwiebel
2 grüne Kardamom-Kapseln
1 EL Butter

1. Fischfilets abspülen, trocken tupfen und auf ein mit Backpapier ausgelegtes Blech legen. Abdecken und kühl stellen.

2. Für die Kräuterkruste 1 TL feingeriebene Zitronenschale, Semmelbrösel, 4 EL Olivenöl, Senf, Honig, Mandeln und Kräuter kurz mit dem Pürierstab in einem Mixbecher zu einem festen Brei verarbeiten.

3. Möhren schälen, schräg in dünne Scheiben schneiden.

4. Den Fisch mit der Kräuterkruste gleichmäßig bedecken, salzen, pfeffern und etwa 20 Minuten auf der mittleren Schiene im Ofen backen.

5. 4 Tassen vorgekochtes Wasser salzen und in einem Topf mit Deckel zum Kochen bringen. Zwiebel schälen, mit Reis und Kardamom ins kochende Wasser geben, die Temperatur reduzieren, sodass der Reis unter dem Deckel nur noch gar zieht (15 bis 20 Minuten).

6. Möhren in kochendes Salzwasser geben und etwa 5 Minuten garen. Die noch knackigen Karotten in je 1 EL Olivenöl und Butter anbraten, mit Salz, Pfeffer und 1 Prise Zucker sowie einigen Spritzern Zitronensaft abschmecken.

7. Reis in der Tellermitte anrichten, außen herum die Möhrenstreifen verteilen und je 2 Fischfilets obendrauf anlegen.

Pro Portion: 48 g E, 69 g Kh, 25 g F

Lachsstrudel mit Sauerkraut

⧗ 30 Min. + 25 Min.
⊞ 290 kcal p. P. (bei 6)

Für 4 bis 6 Portionen:

- 200–250 g Lachs, frisch oder tiefgefroren
- 300–350 g mildes Sauerkraut
- 1 Zwiebel, mittelgroß
- 1 Apfel, mittelgroß
- 1 EL Rapsöl
- Gemüsebrühe (Fertigprodukt)
- Strudelteig aus dem Kühlregal (1 Rolle oder Packung)
- 2 EL Paniermehl
- Salz, Pfeffer
- 150 g Schmand

Pro Portion: 17 g E, 6 g Kh, 17 g F

1. TK-Lachs aus der Gefriertruhe bei Zimmertemperatur antauen lassen.

2. Sauerkraut je nach gewünschter Säure mit Wasser abspülen. Zwiebel und Apfel schälen, in Würfel schneiden, im Rapsöl anbraten. Sauerkraut dazugeben, bei geschlossenem Deckel mit etwas Gemüsebrühe 20 Minuten garen, nach Geschmack auch länger. Das Kraut soll ziemlich trocken sein, eventuell ausdrücken und abgießen. Lachs in Scheiben schneiden.

3. Den Ofen auf 200 °C vorheizen. Den Strudelteig auf einem trockenen Küchenhandtuch, das auf einem feuchten liegt, in 2 Lagen übereinander auslegen. Den Teig in der Mitte des vorderen Drittels so belegen, dass links und rechts ein Rand – etwa eine Hand breit – frei bleibt. Auf der Belegfläche Paniermehl ausstreuen, darauf das Sauerkraut legen, eventuell 1 EL zur Dekoration zurückbehalten. Den Lachs daraufsetzen, salzen und pfeffern, den glattgerührten Schmand darübergeben.

4. Die Ränder vom Strudelteig von links und rechts zur Mitte hin überschlagen. Den Strudel – mithilfe des Handtuchs – aufrollen. Den 1 EL Sauerkraut zur Dekoration fein auf dem Strudel verteilen, auf ein Blech mit Backpapier schieben. 25 bis 30 Minuten auf der unteren Schiene backen, Oberfläche und Sauerkrautfäden sollten leicht gebräunt sein.

Tipps: *Strudelblätter aus dem Kühlregal sind an den Faltstellen oft aufgebrochen. Damit nichts herausläuft, ein Blatt quer zum anderen übereinanderlegen. Wenn Sie den Strudel aufrollen, sollte er auf der Unterseite aufhören. Das sieht besser aus und je mehr Teiglagen, desto geringer die Gefahr, dass die Flüssigkeit der Füllung durchläuft. Daher das letzte Stück Teig mindestens einmal umklappen und fest andrücken. Das gilt auch für Filoteig.*

Blätterteig als Ersatz für Strudelblätter ist fettreicher. Schmand in diesem Fall weglassen, 1 Becher Sauerrahm mit körnigem Senf verrührt dazu servieren.

20 Min. + 20 Min.
375 kcal pro Portion

Dorade mit Kräuterkruste

Für 4 Portionen:

- 4 Doraden, je etwa 350 g, ausgenommen und entschuppt
- 3 Bd. Petersilie
- 1 Bd. Minze (oder Trockenkräuter nach Wahl)
- 2 Knoblauchzehen
- 4 EL Olivenöl
- 60 g gehackte Mandeln
- 1 Eiweiß
- Salz

1. Backofen auf 200 °C vorheizen. Doraden waschen, trocken tupfen, innen salzen. Die Haut schräg zum Rückgrat 2- bis 3-mal einschneiden, der Schnitt soll etwas ins Fischfleisch gehen.

2. Kräuter waschen, trocken schütteln, die Blätter grob hacken. Mit dem gehackten Knoblauch, Öl und 50 g gehackten Mandeln pürieren, salzen. Das Eiweiß unterrühren, restliche gehackte Mandeln zufügen.

3. Die Doraden auf der Oberseite mit je 1 gehäuften EL Kräutermischung bestreichen, sie soll auch in die Einschnitte gelangen. In einer feuerfesten Form 15 bis 18 Minuten backen.

Pro Portion: 36 g E, 5 g Kh, 17 g F

Gut dazu: *Gedünstete Kartoffeln und Sahnelauch. Dafür 4 Lauchstangen unten kappen, dunkelgrüne Blätter abschneiden, gründlich waschen. In dünne Scheiben schneiden, mit 1 EL Butter und 2 EL Fond oder Brühe andünsten, mit 150 g Sahne bei geschlossenem Deckel und niedriger Hitze etwa 10 Minuten garen lassen.*

25 Minuten
420 kcal pro Portion

Lachs mit Spinatsauce und Tagliatelle

1. Den Lachs etwa 20 Minuten antauen lassen, den tiefgefrorenen Spinat auftauen, das geht mit etwas Wasser per Mikrowelle oder auf dem Herd. Gut ausdrücken und grob hacken. Alternativ frischen Spinat gründlich waschen und trockenschleudern, am besten zweimal. Etwa 3 l Wasser für die Pasta aufsetzen. Die Schalotten schälen und würfeln. Die Sesamkörner in einer Pfanne ohne Fett goldgelb rösten.

2. Den Lachs würfeln (Kantenlänge etwa 1,5 cm) und im Mehl wenden. In einer großen Pfanne mit je 1 EL Rapsöl und Butter 3 bis 5 Minuten leicht bräunen und dann herausnehmen. Die Tagliatelle mit 1 EL Salz bissfest kochen.

3. Die Schalottenwürfel mit der geschälten ganzen Knoblauchzehe und dem Spinat in der Lachspfanne 2 bis 3 Minuten andünsten. Erst die Milch dazugießen, dann nach und nach die Brühe. Alles einmal aufkochen, mit Salz, je einer Prise Pfeffer und Muskat, Zitronensaft und evtl. Sesamöl abschmecken. Den Lachs 2 bis 3 Minuten in der Spinatsauce ziehen lassen, dabei nicht noch einmal aufkochen lassen. Den gerösteten Sesam darüberstreuen und mit den abgetropften Tagliatelle servieren.

Pro Portion: 23 g E, 44 g Kh, 17 g F

Tipps: *Babyspinat ist so klein, dass man ihn mit Stielen im Ganzen gart. Inzwischen bekommt man ihn fast das ganze Jahr über. Tiefgefrorener Lachs lässt sich leicht angetaut besonders gut schneiden.*

Wie fast alle tiefgrünen Gemüse, vor allem Blattgemüse, enthält Spinat neben Eisen noch Folsäure, die bei vielen Menschen Mangelware ist. Knapp garen ist gut, beim Erhitzen geht viel von dem empfindlichen Vitamin verloren.

Für 4 Portionen:

- 300 g Lachsfilet, tiefgefroren
- 200 g Blattspinat, tiefgefroren (oder 300 g frischer Babyspinat)
- 3 Schalotten
- 1 EL Sesamsaat
- 1 EL Rapsöl
- 1 EL Butter
- 1–2 EL Mehl
- 350 g Tagliatelle (oder andere Nudeln)
- 1 Knoblauchzehe
- 200 ml Milch
- 300–400 ml Gemüsebrühe
- 1–2 TL Zitronensaft
- 1–2 Tropfen Sesamöl (optional)
- Salz, Pfeffer, Muskat

25 Minuten
567 kcal pro Portion

Steinbuttfilet mit zwei Saucen

Für 2 Portionen:

4 Schnitten vom Steinbuttfilet à 80 g

2–3 EL Olivenöl

Salz, Pfeffer

½ unbeh. Limette

Rote-Bete-Sauce

4 EL Rote-Bete-Püree

2–3 EL Brühe

3 EL Sahne

Salz, Pfeffer

einige Tropfen Balsamico

Dillcreme

4 EL pürierter Dill

125 ml Kalbsfond

2 EL Butter

Salz, Pfeffer

ein Spritzer Zitronensaft

Knoblauchbrötchen

250 g Kenia- oder zarte, stricknadeldünne Stangenböhnchen

Salz

2–3 Knoblauchzehen

2 EL Butter

1. Die Fischfiletschnitten im sehr heißen Olivenöl auf beiden Seiten ganz kurz braten, bis sie zarte Röstspuren zeigen, dabei mit Salz und Pfeffer sowie etwas Limettenschale würzen. Neben dem Feuer einige Minuten nachziehen lassen.

2. Für die Rote-Bete-Sauce das Püree mit Brühe und Sahne in einem kleinen Töpfchen etwas einkochen, mit Salz, Pfeffer und Balsamico abschmecken. Genauso das Dillpüree im Kalbsfond auflösen, eventuell etwas einkochen, dann die Butter mit dem Schneebesen unterrühren. Mit Salz, Pfeffer und Zitronensaft abschmecken.

3. Die grünen Böhnchen putzen, in stark gesalzenem Wasser einige Minuten kochen, eiskalt abschrecken, damit sie schön grün bleiben. Knoblauch sehr fein würfeln oder durch die Presse drücken, in einer Pfanne in heißer Butter andünsten. Die Böhnchen zufügen und gut durchschwenken.

4. Die Steinbuttschnitten auf vorgewärmten Tellern anrichten. Die Saucen dekorativ daneben setzen. Böhnchen neben dem Fisch anrichten und schnell servieren.

Pro Portion: 32 g E, 12 g Kh, 43 g F

25 Minuten
270 kcal pro Portion

Gurke mit Viktoriabarsch

1. Das Fischfilet waschen und trockentupfen. Die Zitrone abspülen, trockentupfen, dünn schälen und die Schale in feine Streifchen schneiden. Die Zitrone halbieren, den Saft auspressen und auf das Fischfilet träufeln. Die Zitronenschalenstreifchen ebenfalls auf dem Fischfilet verteilen.

2. Die Frühlingszwiebeln putzen und waschen. Das Wurzelende entfernen. Den weißen und grünen Teil separat in etwa 2 cm lange Stücke schneiden.

3. Die Gurke waschen, schälen und längs halbieren. Die Hälften entkernen. Die Kerne beiseite legen, die Gurkenhälften in 2 cm große Stücke schneiden.

4. Das Öl in einem flachen, breiten Topf oder einer Pfanne erhitzen; die Gurkenkerne und die weißen Frühlingszwiebelstücke zufügen, unter Wenden anbraten und den Senf einrühren.

5. Die Gurkenwürfel zufügen, wenden und mit Salz würzen.

6. Das Fischfilet in möglichst gleichmäßige Portionsstücke schneiden, auf dem Gemüse verteilen und bei mittlerer Hitze 5 bis 6 Minuten mit Deckel garen.

7. Die grünen Frühlingszwiebelstreifen vorsichtig unterheben und noch 1 Minute ziehen lassen. Die Sahne in das Gemüse rühren.

8. Zum Servieren den Fisch mit dem Gemüse und der Sauce in vorgewärmten Tellern anrichten.

Tipp: *Statt Forelle können Sie auch jeden anderen Süßwasserfisch, wie z. B. Zander oder Flussbarsch, oder auch Seefische, wie Seelachs und Kabeljau, verwenden.*

Für 4 Portionen:

- 600 g küchenfertiges Viktoriabarschfilet
- 1 unbeh. Zitrone
- 200 g Frühlingszwiebeln
- 1 große schlanke Salatgurke (600 g)
- 2 EL Pflanzenöl
- 1–2 EL körniger Senf
- 1 Prise Salz
- 6 EL Schlagsahne

Pro Portion: 28 g E, 6 g Kh, 13 g F

4

FISCHGERICHTE AUS ALLER WELT

20 Min. + 25 Min.
300 kcal pro Portion

Asialachs

1. Sojasauce, Mirin und Sesamöl vermengen, den Zucker darunterrühren, bis er sich aufgelöst hat, nach Geschmack mit Chiliflocken würzen. Den abgespülten und trocken getupften Lachs für etwa 20 Minuten in diese Marinade legen, hin und wieder wenden. Währenddessen den Backofen auf 150 °C (Umluft 130 °C) vorheizen.

2. Die Lachsfilets in einer beschichteten, mit Öl ausgepinselten Pfanne von beiden Seiten anbraten, dann in einer feuerfesten Form im Backofen je nach Dicke der Filets 15 bis 25 Minuten garen. Zwischendurch etwas Marinade nachgießen. Besonders glänzend und leicht karamellisiert wird der Lachs, wenn Sie zum Schluss der Backzeit kurz den Grill einschalten.

Tipps: *Große, gut sortierte Supermärkte führen inzwischen asiatische Lebensmittel. Mirin bekommen Sie auf jeden Fall in Asia-Läden. Auch im Internet finden Sie Bestelladressen. Die Zutaten lassen sich aber notfalls auch austauschen: Anstelle des Sesamöls können Sie auch Rapsöl nehmen, anstelle von Mirin auch Sherry oder Balsamessig. Geben Sie dann mehr Zucker in die Marinade und eventuell zusätzlich etwas gemahlenen Koriander.*

Für 4 Portionen:

75 ml Sojasauce

75 ml Mirin (süßer japanischer Reiswein)

1 TL Sesamöl

1 EL brauner Zucker

Chiliflocken

500 g Lachsfilet (gefroren oder frisch)

1 TL Öl für die Pfanne

Pro Portion: 27 g E, 5 g Kh, 18 g F

40 Min. + 30 Min.
645 kcal pro Portion

Provenzalisches Aïoli mit Fisch und Gemüse

Für 4 Portionen:

Fisch-Gemüse-Platte

- 750 g Kabeljau
- 60–100 g Salz
- 4 Bundmöhren
- 500 g Kartoffeln, vorwiegend festkochend
- 1 kleiner Blumenkohl
- 1 Lauchstange
- 4 gekochte Eier
- 4 Artischockenherzen (Dose)
- 1 EL Butter
- 1 TL Zucker

Aïoli

- 2 sehr frische Eier
- 1–2 EL Zitronensaft
- 1 EL Dijonsenf
- 2 große Knoblauchzehen
- je 1 Prise Salz und Natron
- je 150 ml Oliven- und Rapsöl

1. Den Fisch auf jeder Seite dünn mit Salz bestreuen (insgesamt 4 bis 6 EL). Nach 20 Minuten die Filets gründlich kalt abspülen. Wasser aufkochen, den Topf von der Platte ziehen. Die Filets portionsweise darin etwa 10 Minuten gar ziehen lassen, dabei vor jeder neuen Portion das Wasser neu aufkochen. Filets herausnehmen.

2. Das Grün der Möhren kappen, 2 bis 3 cm des Stengels stehen lassen. Möhren und Kartoffeln schälen, längs halbieren, Blumenkohl oder Brokkoli in Röschen teilen. Lauchstange gut waschen (sehr sandige Stangen längs aufschneiden), in 4 bis 6 Stücke teilen.

3. Die Kartoffeln 20 Minuten leicht gesalzen in einem Topf mit Dämpfeinsatz garen, danach herausnehmen. Dann Blumenkohlröschen und Lauch in den Dämpfeinsatz geben, Hitze noch einmal hochschalten, und bei niedriger Hitze etwa 5 Minuten garen. Die Möhren in einem kleinen Topf mit 1 EL Butter, etwas Salz und Zucker andünsten, mit 2 bis 3 EL Wasser zugedeckt bei niedriger Hitze 5 Minuten garen. Eier halbieren, mit abgetropften Artischockenherzen und Gemüse auf einer Platte anrichten.

4. Für das Aïoli die Eier trennen, Eigelb mit Zitronensaft und Senf verrühren, die Knoblauchzehen hineinpressen, Salz und Natron hinzufügen. Die beiden Öle langsam unter ständigem Rühren untermischen (Schneebesen/Mixstab). Falls sich die Emulsion trennt, einen Teelöffel heißes Wasser dazugeben. Mit Pfeffer abschmecken. Separat zu Fisch und Gemüse reichen.

Pro Portion (ohne Aïoli): 46 g E, 26 g Kh, 20 g F

1 Stunde
567 kcal pro Portion

Karpfen Pörkölt

1. Die Zwiebeln und Knoblauch schälen und fein hacken. Paprikaschote waschen, von Stielen und Kernen befreien, in dünne Streifen schneiden. Speck in feine Streifen schneiden. Tomaten kochend überbrühen, häuten und würfeln.

2. Den Fisch quer in drei bis vier Stücke schneiden, noch vorhandene Gräten entfernen. Fisch salzen und in einer Mischung aus einem Teil Mehl und einem Teil Paprikapulver wälzen. 2 EL Öl in einer Pfanne erhitzen, den Fisch hineingeben und 2 Minuten rundherum scharf anbraten. Dann aus der Pfanne nehmen und in Alufolie wickeln.

3. Frühstücksspeck in der Pfanne zerlassen, eventuell noch etwas Öl zugeben. Die Zwiebeln mit 1 bis 2 EL Paprikapulver darin etwa 5 Minuten anschmoren. Paprika, Knoblauch und Tomaten zugeben, mit Salz und Pfeffer abschmecken. Den Wein und 100 ml Wasser angießen und alles 30 Minuten schmoren. Nochmals abschmecken.

4. Zum Schluss die Fischstücke wieder in die Sauce geben und 5 Minuten gar ziehen lassen. Schmand in Flöckchen auf das Pörkölt setzen und zu Tisch geben.

Pro Portion: 60 g E, 13 g Kh, 25 g F

Infos: *Pörkölt ist eine typisch ungarische Zubereitungsart, das Wort bedeutet „angebraten".*

Für 4 Portionen:

600 g Zwiebeln
2 Knoblauchzehen
1 grüne Paprikaschote
50 g Frühstücksspeck
250 g Tomaten
1 küchenfertig vorbereiteter Karpfen (1–1,5 kg)
Salz, mildes Paprikapulver,
etwas Mehl
3 EL Öl
Pfeffer
300 ml Weißwein
2–3 EL Schmand

25 Min. + 25 Min.
195 kcal pro Portion

Für 4 bis 6 Portionen:

- 1 große Schleie (ca. 1,8 bis 2 kg)
- 1 große weiße Zwiebel
- 1 Frühlingszwiebel
- 2–3 Knoblauchzehen
- 1 walnussgroßes Stück Ingwer
- 1–2 Chilis
- 1 unbeh. Zitrone
- 3–4 Kaffirlimonenblätter
- 2 EL thailändische Fischsauce
- 1 EL Sojasauce
- 1 EL Zucker
- 1 TL Sesamöl
- 1 EL Erdnussöl
- 4 EL Sherry oder Reiswein

Asienduftende Schleie

1. Den Fisch innen und außen gründlich waschen, mit Küchenpapier abtrocknen. Dann mit einem scharfen Messer schräg die Seiten einschneiden, mit parallelen Schnitten, bis auf die Mittelgräte.

2. Zwiebel schälen, halbieren und jeweils in feine Halbringe schneiden, im Bräter verteilen. Frühlingszwiebel putzen und fein schneiden. Knoblauch, Ingwer und Chili fein würfeln, alles mischen und in die Schnittflächen stopfen. Die Zitrone in dünne Scheiben schneiden und zusammen mit den Kaffirblättern ebenfalls in diese Schlitze stecken. Den Fisch auf die Zwiebeln betten.

3. Fischsauce, Sojasauce, Zucker, Sesam- und Erdnussöl mit dem Sherry verrühren und über den Fisch verteilen.

4. Bei 180 °C (Heißluft; Ober- & Unterhitze 200 °C) im Backofen ungefähr 25 Minuten garen, nach der halben Zeit ein gutes Glas Wasser angießen, damit nichts ansetzt. Den Fisch im Bräter zu Tisch bringen und dort tranchieren.

Pro Portion (bei 6): 33 g E, 5 g Kh, 4 g F

15 Minuten
110 kcal pro Portion

Fischcarpaccio

1. Den Fisch gegebenenfalls auftauen, mit der Pinzette entgräten, mit einem sehr scharfen, schmalen Messer schräg in dünne Scheiben schneiden (wie Räucherlachs). Die Scheiben auf vier Tellern anordnen.

2. Olivenöl und Zitronensaft zu einer Emulsion verrühren und mit einem Pinsel auf die Scheiben auftragen. Salzen und pfeffern.

3. Basilikum oder Koriander waschen (wer mag, kann auch beide verwenden), trocken schütteln, auf jeden Teller ein paar Blättchen legen und etwas Parmesan darüberhobeln (Sparschäler). Sofort servieren. Die getrockneten Kräuter geben Sie bereits zur Zitronensaft-Öl-Emulsion.

Pro Portion: 12 g E, 0 g Kh, 6 g F

Für 4 Portionen:

- 250 g fester Fisch wie Seewolf, Lachsfilet, sehr frisch oder tiefgefroren
- 1 EL Olivenöl
- 1 EL Zitronensaft
- 2 Stiele Basilikum, ein paar Blätter Koriander oder 1 EL Kräuter der Provence
- 15 g Parmesan
- Salz, Pfeffer

25 Minuten
320 kcal pro Portion

Mediterrane Fisch-Gemüse-Pfanne

Für 4 Portionen:

½ Bd. Petersilie

½ Bd. Basilikum

100 g Zucchini

2 Paprikaschoten, rot und gelb

250 g Tomaten, davon am besten 50 g Cherrytomaten

300 g Penne

400 g weißes Fischfilet wie Skrei, Zander, Seelachs oder -hecht, auch tiefgefroren

1–2 EL Mehl

2 EL Rapsöl

Zitronensaft

Salz, Pfeffer, Zucker

1. Für die Pasta 4 l Wasser aufsetzen. Schalotten schälen, Kräuter und Gemüse waschen, Zucchini an den Enden kappen, Paprika und Tomaten entkernen. Alles würfeln, dabei den Tomatensaft auffangen. Kräuter in Streifen schneiden. Die Pasta mit 1 EL Salz bissfest kochen.

2. Den Fisch evtl. antauen lassen, trockentupfen, in Würfel schneiden, in Mehl wenden und in 1 EL Rapsöl von jeder Seite 1 bis 2 Minuten anbraten. Aus der Pfanne auf einen Teller geben. Die Gemüsewürfel – außer den Tomaten – in derselben Pfanne mit 1 EL Öl 3 bis 5 Minuten scharf anbraten, mit Salz, Pfeffer und Zucker abschmecken. Erst dann die Tomaten und den Saft dazugeben und 3 bis 5 Minuten köcheln lassen.

3. Die Pasta abgießen, tropfnass mit dem Gemüse in der Pfanne mischen. Den Fisch mit Zitronensaft beträufeln, in der Pfanne untermischen, abschmecken. Alles mit Kräutern bestreut servieren.

Pro Portion: 20 g E, 44 g Kh, 6 g F

30 Minuten
340 kcal pro Portion

Baskische Pfanne mit Safran und Chili

1. Paprika waschen und entkernen, Zwiebel häuten und beides in mittelgroße Stücke schneiden. In einer Pfanne mit 1 bis 2 EL Olivenöl unter Wenden andünsten, dabei salzen und pfeffern. Nach etwa 2 Minuten die Hitze herunterschalten und mit Deckel 4 bis 5 Minuten köcheln lassen.

2. Die grob gewürfelte Zucchini dazugeben, Knoblauch hineindrücken, mit der Hühnerbrühe, den Lorbeerblättern, Safran und Tomaten weitere 3 bis 4 Minuten köcheln lassen.

3. Den Schinken würfeln und zum Schluss dazugeben. Alles vorsichtig mit Salz, Pfeffer und Chili würzen. Die Schärfe soll den Safran nicht übertönen. Kurz noch einmal aufkochen. Sehr dünnflüssige Sauce mit 1 bis 2 EL Tomatenmark andicken.

4. Daneben in einer Pfanne die Fischfilets im restlichen Öl sehr heiß anbraten, ein paar Mal wenden und nach etwa 4 Minuten auf das Gemüse geben. Dazu passen kurze Pasta, Langkornreis oder Gnocchi.

Pro Portion: 26 g E, 12 g Kh, 15 g F

Tipp: *Die für das Rezept benötigte Menge an Safran kostet im Supermarkt ungefähr 3 Euro. Bei Angeboten, die deutlich weniger kosten, könnte es sich um Fälschungen handeln.*

Variante: *Das Rezept funktioniert auch mit hellem Fleisch wie Kalbs-, Hühner- oder Putenfilet. Braten Sie es in kleine Stücke geschnitten und nur 2 bis 3 Minuten, damit es schön saftig bleibt. Dann unter das Gemüse mischen.*

Für 4 Portionen:

- 3–4 Paprikaschoten, gelb und rot, etwa 600 g
- 1 mittlere Gemüsezwiebel, etwa 250 g
- 3–4 EL Olivenöl
- 400 g Zucchini
- 1–2 Knoblauchzehen
- 100 ml Hühnerbrühe
- 2 Lorbeerblätter, am besten frisch
- 0,1 g Safran (oder ½ TL Kurkuma)
- 200 g gestückelte Tomaten, frisch oder Fertigprodukt
- 100 g milder luftgetrockneter Schinken, wie Pata Negra oder Serrano
- 500 g fester Weißfisch wie Seehecht oder Seeteufel, auch tiefgefroren
- Salz, Pfeffer, Chiliflocken oder -pulver

45 Minuten
416 kcal pro Portion

Curryfisch mit Bouillonkartoffeln

Für 4 Portionen:

1 dickes Bd. Suppengrün (2 Möhren, 1 Lauch, 1 Stück Sellerie)
700 g Kartoffeln
0,5 l Gemüsebrühe
1 Bd. Koriandergrün
1 EL Kürbiskernöl
2 EL Sojacreme (oder Sahne)
4 Fischfilets à ca. 150 g (Pangasius oder Seelachs)
2–3 EL mildes Currypulver
2–3 EL Rapsöl
Salz, Pfeffer
Zitronenspalten

1. Gemüse und Kartoffeln waschen. Lauch von Wurzel und Welkem befreien, in 1 cm breite Ringe schneiden. Sellerie, Möhren und Kartoffeln schälen, in 1,5 cm große Würfel schneiden.

2. Gemüsebrühe zum Kochen bringen, das Gemüse mit den Kartoffeln zugeben und etwa 15 Minuten garen. Koriandergrün waschen, Stiele zusammenbinden und im Gemüse mitkochen. Blättchen hacken, mit Kürbiskernöl und Sojacreme mischen und beiseitestellen.

3. Inzwischen den Fisch waschen, trocken tupfen. Dann salzen und im Currypulver wenden. Das Öl in einer beschichteten Pfanne erhitzen, Fischfilets bei mäßiger Hitze von beiden Seiten etwa 2 Minuten braten. Auf Küchenpapier abtropfen lassen.

4. Bouillonkartoffeln mit Kürbiskernöl-Koriandermix, Salz und Pfeffer abschmecken. Fisch mit Zitronenspalten auftischen.

Pro Portion: 29 g E, 35 g Kh, 17 g F

Variante: *Statt Koriander passt glatte Petersilie, statt Kürbiskernöl eine andere aromatische Ölsorte. Schmeckt auch mit Hühnerbrustfilet statt Fisch.*

25 Min. + 30 Min.
535 kcal pro Portion

Kartoffel-Fisch-Gratin „Provençal"

1. Backofen auf 160 °C (Ober-/Unterhitze) vorheizen. Kartoffeln waschen und in wenig Wasser zugedeckt 20 bis 25 Minuten garen. Fischfilet kalt abspülen, trocken tupfen, mit Salz, Pfeffer und Zitronensaft würzen.

2. Knoblauch schälen, Chilischote waschen, putzen, grob zerteilen. Petersilie waschen, trocken schütteln und Blättchen abzupfen. Alles zusammen im Blitzhacker zerkleinern, dabei nach und nach 4 EL Olivenöl einfließen lassen. Mit Kräutersalz würzen. Die Tomaten waschen, Stielansätze entfernen und in feine Scheiben schneiden.

3. Eine Auflaufform mit dem restlichen Öl einpinseln. Die Kartoffeln pellen, in dünne Scheiben schneiden. Mit Salz, Pfeffer und Muskatnuss würzen. Den Boden der Form mit der Hälfte der Kartoffeln auslegen. Darauf den Fisch mit den Tomatenscheiben verteilen. Anschließend die Chili-Knoblauch-Paste dünn darüber verstreichen.

4. Das Ganze mit den restlichen Kartoffeln bedecken und den Parmesan darüber verteilen. Im Ofen (Mitte) 30 Minuten backen.

Für 2 Portionen:

- 400 g festkochende Kartoffeln
- 200 g frischer Kabeljau ohne Haut (evtl. tiefgefrorene Filets)
- Salz, Pfeffer
- 2 EL Zitronensaft
- 1 Knoblauchzehe
- 1 Chilischote
- 1 Bd. Petersilie
- 5 EL Olivenöl
- Kräutersalz
- 250 g Flaschentomaten
- frisch geriebene Muskatnuss
- 30 g frisch geriebener Parmesan

Pro Portion: 28 g E, 36 g Kh, 31 g F

30 Minuten
1394 kcal pro Portion

Für 2 Portionen:

1 Tasse Basmati-Reis
1 Schalotte
200 ml trockener Weißwein
250 g eiskalte Butter
½ Zitrone
Salz, weißer Pfeffer
1 Möhre
4 kleine Seezungenfilets
4 TL Kräuterfrischkäse
200 ml Fischfond
300 g Brokkoli
200 ml Gemüsebrühe

Seezungenröllchen mit Brokkoli an Beurre Blanc

1. Basmati-Reis waschen. 2 Tassen Wasser für 1 Tasse Reis aufsetzen, zum Kochen bringen, bei kleiner Hitze 10 Minuten köcheln lassen, bis kein Wasser mehr vorhanden ist. Niemals umrühren.

2. Inzwischen Schalotte fein würfeln, mit Weißwein aufsetzen und auf ein Drittel reduzieren lassen. 250 g eiskalte Butter Stück für Stück unter die Schalotten rühren, langsam mit dem Saft der halben Zitrone verlängern, darauf achten, dass die Sauce nicht mehr kocht. Mit Salz und weißem Pfeffer abschmecken. Beiseitestellen.

3. Möhre schälen und in feine Stifte schneiden. Seezungenfilets eventuell etwas breitklopfen, mit Frischkäse bestreichen. Möhrenstifte darauf verteilen und einrollen, mit Zahnstochern fixieren. In einem kleinen Topf den Fischfond zum Kochen bringen und Seezungenröllchen hochkant hineinstellen. Topf mit einem Deckel schließen, Hitze reduzieren und für 8 Minuten dünsten.

4. Brokkoli in kleine Röschen schneiden und in 200 ml Gemüsebrühe etwa 5 Minuten knackig dünsten. Reis, Brokkoli und Seezungenröllchen auf einem Teller anrichten. Sauce dazureichen.

Pro Portion: 32 g E, 56 g Kh, 112 g F

30 Minuten
220 kcal pro Portion

Ceviche mit Nektarinen

Für 4 Portionen:

- 400 g Weißfischfilets (wie Zander, Forelle)
- 3 TL Salz
- Pfeffer
- 4 unbeh. Limetten
- 3 EL Oliven- oder Rapsöl
- 1 EL süßer Senf
- 1 TL Honig
- Salz, etwas Chiliflocken
- 2 Nektarinen
- 2 Frühlingszwiebeln
- ½ Frisee- oder Eichblattsalat

1. Fischfilets von Gräten befreien, in eine flache Schüssel legen. Salzen, pfeffern, mit dem Saft von 3 Limetten (ersatzweise Zitronen) begießen. 2 bis 3 Stunden zugedeckt in den Kühlschrank stellen. Zwischendurch wenden.

2. Marinade aus dem Saft der verbliebenen Limette, etwas geriebener Limettenschale, Öl, Senf, Honig, Salz und Chiliflocken anrühren. Nektarinen in Scheiben oder Würfel, Frühlingszwiebeln in sehr feine Ringe schneiden. Marinade über Nektarinen und Frühlingszwiebeln geben.

3. Salat waschen, eine flache Servierschüssel mit den Blättern auslegen. Die marinierten Fischfilets aus dem Sud nehmen, abtropfen lassen, schräg in dünne, etwa 2 cm breite und 4 cm lange Streifen schneiden, auf dem Salat anrichten und mit Nektarinen-Marinade bedecken. Dazu passt frisches Weißbrot.

Pro Portion: 21 g E, 8 g Kh, 10 g F

Tipps: *Für Ceviche geeignet sind fettarme feine Weißfische wie Dorade, Loup de Mer, Seehecht, Forelle, aber auch Jakobsmuscheln oder Lachs. Auch gefrorener Fisch kann verwendet werden.*

Das Marinieren in Säure zersetzt das Eiweiß des Fischs und macht ihn länger haltbar. Bei Forellenfilets geht das schneller als bei festeren Seefischen.

40 Minuten
302 kcal p. P. (à 6 St.)

Blitz-Sushi

Für 4 Portionen:

- 200 g Sushireis
- 2 EL heller Reisessig
- 1 EL Zucker
- 1 TL Salz
- 2 Noriblätter
- 1 TL Wasabipaste
- 1 kleine Avocado
- 2 EL Zitronensaft
- 100 g Räucherlachs
- Sojasauce

1. Reis waschen, in einen Topf geben und 260 ml kaltes Wasser dazugießen. Sprudelnd aufkochen lassen und bei schwacher Hitze zugedeckt 10 Minuten garen. Reis vom Herd nehmen und weitere 10 Minuten ausquellen lassen.

2. Essig mit Zucker und Salz erwärmen, auf Handwärme abkühlen lassen. Den Reis in eine flache Schüssel füllen und nach und nach den Reisessig hinzufügen. Achtung: Der Reis darf nicht zu feucht werden. Sushireis mit einem nassen Tuch abdecken und vor der Weiterverarbeitung auf Zimmertemperatur abkühlen lassen.

3. Ein Noriblatt auf ein Stück Alufolie oder Bambusmatte legen. ¼ der Reismasse darauf verteilen, an der Seite, zu der hin aufgerollt wird, 2 cm frei lassen, glattstreichen. ½ TL Wasabi hauchdünn darüber verteilen. Avocado halbieren, Stein und Schale entfernen, eine Hälfte in schmale Spalten schneiden. Mit etwas Zitronensaft beträufeln. Entlang der gegenüberliegenden Seite überlappend aneinanderlegen, in den Reis drücken. Von dieser Kante her die Nori-Reismatte eng aufrollen.

4. Mit dem zweiten Noriblatt ebenso verfahren. Rollen kalt stellen und vor dem Servieren in mundgerechte Stücke teilen.

5. Übrigen Reis mit einem feuchten Esslöffel in mundgerechte „Nockerln" formen. Lachs so zurechtschneiden, dass er je ein Klößchen bedeckt und daraufsetzen. Sushi mit Sojasauce und Wasabi reichen.

Pro Portion: 10 g E, 45 g Kh, 8 g F

Tipp: *Den Reis zum Abkühlen nicht in den Kühlschrank stellen oder zu heftig umrühren, davon wird er trocken.*

Varianten: *Statt Avocado passt auch Gurke mit Kresse und Meerrettich oder gehäutete, entkernte Tomatenstreifen mit Pesto statt Wasabi.*

40 Min. + 35 Min.
557 kcal pro Portion

Karpfen Polnische Art

1. Karpfen entschuppen, ausnehmen, waschen und auf Küchenpapier abtrocknen. Dann rundherum kräftig salzen. Zitronenschale mit einem Kippschäler abschälen, Saft auspressen und auf den Karpfen träufeln.

2. Das Gemüse und den Ingwer waschen und schälen, in Scheiben oder Würfel schneiden. Mit den Gewürzen, der Zitronenschale, dem Bier und 300 ml Wasser in einem Bräter zum Kochen bringen, etwa 30 Minuten kochen.

3. Den Ofen auf 180 °C vorheizen. Den Karpfen am besten auf einem Fischgitter in den Bräter setzen, mit 1 bis 2 TL Salz würzen, zudecken und in den heißen Ofen schieben. Nach etwa 25 Minuten den Bräter aus dem Ofen nehmen.

4. Den Karpfen herausheben. In Alufolie warm halten. Den Sud durch ein Sieb streichen und mit Balsamessig und Saucenlebkuchen leicht köcheln lassen, bis sich der Lebkuchen gelöst hat und die Sauce bindet. Nochmals abschmecken und zum Karpfen servieren.

Pro Portion: 71 g E, 23 g Kh, 19 g F

Tipp: *Den Karpfen am besten vom Fischhändler ausnehmen lassen, Kopf und möglichst auch die Mittelgräte entfernen. Beides mitnehmen und für einen Fond verwenden. Der Milchner des Karpfens ist eine Delikatesse und kann gebraten werden.*

Für 4 Portionen:

- 1 Karpfen (1–1,5 kg)
- Salz
- 1 unbeh. Zitrone
- 2 Petersilienwurzeln
- 3 Möhren
- 1 Stück Sellerieknolle
- 3 Zwiebeln
- 1 Stück Ingwer
- 2–3 Nelken und Lorbeerblätter
- 1 kleine Flasche Malzbier (330 ml)
- 3–4 EL Balsamessig
- 50 g Saucenlebkuchen oder Pumpernickel

5

MEERESFRÜCHTE

15 Minuten
55 kcal pro Portion

Sashimi von der Jakobsmuschel

1. Zuerst den Wasabi mit einigen Tropfen Wasser anrühren, er braucht gut 15 Minuten, bis er seinen Geschmack voll entwickelt hat.

2. Die Jakobsmuscheln säubern, vor allem das kleine faserige Teil, mit dem sich die Muschel an der Schale festhält, entfernen. Quer in drei oder sogar vier dünne Scheibchen schneiden.

3. Dachziegelartig auf einer flachen Platte anrichten. Daneben einen kleinen Kegel vom Wasabi anrichten und ein Häufchen Ingwer. Auf den Tisch gehört nun außerdem japanische Sojasauce, von der sich jeder Gast etwas in ein bereitgestelltes Schälchen gießt. Mit den Stäbchen nimmt man etwas von dem Wasabi, gibt ihn in die Sojasauce – man kann den Wasabi ganz nach Geschmack mit der Sauce verrühren oder unvermischt lassen. Nun nimmt man ein Scheibchen Jakobsmuschel, zieht es durch die Sojasauce und am Wasabi entlang, wenn man ihn nicht verrührt hat.

4. Und vor jedem neuen Bissen isst man ein wenig vom Ingwer, der den Mund reinigt und auf den ungetrübten Genuss des nächsten Muschelscheibchens vorbereitet. Dazu passt heißer oder kalter Sake oder ein nicht zu blumiger Weißwein (Silvaner, Weißburgunder).

Für 4 Portionen:

- 1 gehäufter EL Wasabipulver
- 8–12 Jakobsmuscheln
- 1 Tasse japanisch eingelegter Ingwer (Shoga gari)
- japanische Sojasauce

Pro Portion: 9 g E, 2 g Kh, 1 g F

15 Minuten
450 kcal pro Portion

Für 2 Portionen:

1 Möhre
½ Zwiebel
25 Thymianzweige
6 EL Petersilie
12 tiefgekühlte Scampi (angetaut)
1 Schalotte
2–3 EL Butter
1 TL Currypulver
100 ml trockener Weißwein
100 ml Sahne
Salz, Pfeffer
Zitronensaft

Scampi in Currysauce

1. Wasser im Wasserkocher kochen. Möhre schälen und grob zerschneiden. Die halbe Zwiebel schälen, vierteln und mit den Kräutern in einen großen Topf geben. Mit dem gekochten Wasser auffüllen, bis alles großzügig bedeckt ist (und die Scampi später auch noch Platz im Wasser haben). Dann aufkochen. Anschließend die Scampi in den Topf geben, noch mal kurz aufkochen lassen. Dann ohne Hitze im heißen Wasser 5 Minuten ziehen lassen.

2. In der Zwischenzeit für die Sauce die Schalotte ganz fein würfeln und in einem kleinen Topf mit der Butter glasig anschwitzen, Currypulver und Weißwein dazugeben, auf die Hälfte reduzieren lassen.

3. Während die Sauce kocht, die Scampi aus dem Sud nehmen. Auf einem großen Teller anrichten. Jetzt die Sauce mit Sahne auffüllen, mit Salz und Pfeffer abschmecken. Die Scampi mit etwas Zitronensaft beträufeln und mit der heißen Sauce begießen.

Pro Portion: 35 g E, 4 g Kh, 31 g F

Gebratene Scampi mit Zitronenpesto

⌛ 20 Minuten
⚖ 273 kcal pro Portion

1. Die blanke Pfanne stark erhitzen, das Öl hineingießen und sofort die Scampi hineinsetzen. Salzen.

2. Nach zwei Minuten, wenn sie beginnen Bratspuren zu zeigen, umdrehen und etwas Weißwein angießen. Im heftigen Dampf, der jetzt entsteht, die Scampi einige Male drehen und wenden. Sie sind in dieser starken Hitze sehr schnell gar, ziehen ohnehin noch nach, bis sie so weit abgekühlt sind, dass man sie anfassen und knacken kann.

3. Für das Pesto die Zitrone dünn abschälen. Schale zusammen mit den Pinienkernen, den geschälten Knoblauchzehen, den entkernten Chilis und den Basilikumblättern in den kleinen Mixbecher füllen. Salz und Pfeffer zufügen, einen Löffel Zitronensaft und das Olivenöl.

4. Zu einer cremigen Sauce mixen – nochmals abschmecken und zu den Scampi reichen.

Pro Portion: 9 g E, 2 g Kh, 24 g F

Tipp: *Um an das Fleisch vom Schwanz zu gelangen, die Unterseite mit einer Schere aufschneiden. Den Scheren am besten mit einem Nussknacker zuleibe rücken und das Fleisch dann auslösen.*

Für 4 Portionen:

- 2–3 EL erstklassiges Olivenöl
- 4–8 frische Scampi
- Salz
- ½ Glas trockener Weißwein

Zitronenpesto

- 1 unbeh. Zitrone
- 50 g Pinienkerne
- 2–3 Knoblauchzehen
- 1 grüne Chilischote
- 1 rote Chilischote
- 1 gute Handvoll Basilikumblätter
- ¼ TL Salz
- Pfeffer
- 5 EL Olivenöl

35 Minuten
296 kcal pro Portion

Gefüllte Zucchini mit Krabbenfleisch

Für 4 Portionen:

4–6 Zucchini (etwa 1 kg)
Salz
2 mittelgroße Zwiebeln oder Schalotten
2 TL Butter oder Margarine
200 g Crème fraîche
Pfeffer, frisch gemahlen
200 g Nordseekrabbenfleisch
1 Bd. Dill, geschnitten
2 EL Parmesan, frisch gerieben

Pro Portion: 16 g E, 9 g Kh, 20 g F

1. Die Zucchini waschen, den Stielansatz abschneiden, die Zucchini der Länge nach halbieren. Das Fruchtfleisch bis ½ cm vom Rand mit der Spitze eines Teelöffels herauslösen und fein würfeln. Die Zucchinihälften in leicht gesalzenem Wasser, je nach Größe 8 bis 10 Minuten, ziehen lassen; sie sollten noch fest sein. Dann in eisgekühltem Wasser abschrecken, herausnehmen, trockentupfen und beiseite stellen.

2. Den Backofen auf 200 °C (Umluft 180 °C, Gas Stufe 3½) vorheizen.

3. Die Zwiebeln oder Schalotten abziehen und fein würfeln. Die Hälfte der Butter oder Margarine in einer Pfanne erhitzen, die Zwiebelwürfel zugedeckt darin glasig werden lassen. Das ausgelöste Zucchinifleisch zufügen und zugedeckt mitdünsten.

4. Die Pfanne von der Kochstelle nehmen, Crème fraîche einrühren, mit wenig Salz und Pfeffer würzen. Etwas köcheln lassen. Die Krabben mit dem Dill unterheben. Die Zucchinihälften damit füllen. Mit Parmesan bestreuen. Restliche Fettflöckchen darauf setzen.

5. Die Zucchinihälften in eine feuerfeste Auflaufform setzen. 4 EL Wasser in die Form geben. Im vorgeheizten Backofen, mittlere Schiene, etwa 5 bis 8 Minuten backen. Sofort servieren.

15 Minuten
87 kcal pro Portion

Scampi mit Asienduft

1. Die Scampi längs halbieren und mit der Schnittfläche nach oben auf den heißen Grillrost setzen.

2. Chilis entkernen, Knoblauch und Ingwer schälen, Frühlingszwiebel putzen. Alles sehr fein würfeln. Mit dem haarfein geschnittenen Zitronenblatt und den übrigen Zutaten mischen. In die offenen Scampihälften verteilen. Etwa 4 bis 5 Minuten grillen, bis das glasige Scampifleisch gerade eben weißlich geworden ist.

3. Schnell von der Glut nehmen und mit Vergnügen genießen.

Pro Portion: 9 g E, 3 g Kh, 4 g F

Für 4 Portionen:

4–8 große Scampi
1 rote Chili
1 grüne Chili
2 Knoblauchzehen
1 walnussgroßes Stück Ingwer
Frühlingszwiebel nach Belieben
1–2 Kaffirzitronenblätter
1 TL Sesamöl
1 EL neutrales Erdnussöl
1 TL Fischsauce
1 Prise Zucker

40 Minuten
74 kcal pro Rolle

Leichte Sommerrollen

Für 4 Rollen:

1 Möhre

25 g Reisnudeln

50 g Mungbohnensprossen („Sojasprossen")

4 Stück Reispapier

100 g gegartes Shrimps- oder Flusskrebsfleisch

einige Blättchen frische Minze, Koriander, Thai-Basilikum oder andere Kräuter

Für den Dip

1 kleines Stück Chilischote

½–1 Knoblauchzehe

je 2–3 EL Limettensaft

Reisessig und Fischsauce (Nam Pla bzw. Nuóc Mám)

1 TL Zucker

1. Möhre schälen und grob reiben. Reisnudeln mit kochendem Wasser übergießen und 10 Minuten stehen lassen. Sprossen in eine Schüssel geben, mit kochendem Wasser übergießen, abgießen und gut abtropfen lassen.

2. Reisnudeln abgießen, kalt abspülen, trocken tupfen. Reispapier zum Quellen kurz in kaltes Wasser tauchen und auf einem feuchten Tuch ausbreiten. Auf jedes Blatt einige Reisnudeln, Möhren, Sprossen, Meeresfrüchte oder Fleischstückchen und Kräuterblättchen geben. Dabei die Füllung auf das obere Drittel des Papiers legen und zu einer länglichen „Wurst" formen.

3. Das Reispapier mit der Füllung bis etwa zur Hälfte einrollen, die Seiten nach innen schlagen und den Rest fest, aber behutsam aufrollen. Durch das feuchte Reispapier halten die Rollen von selbst zusammen.

4. Für den Dip die Chilischote entkernen und in feine Streifen schneiden. Knoblauchzehe schälen und zerdrücken, mit Limettensaft, Reisessig und Fischsauce mischen und mit Zucker abschmecken. Der Dip sollte sehr intensiv schmecken, weil die Rollen nicht gewürzt sind. Den Mix in ein kleines Gefäß füllen und die Chilistreifen zufügen.

Pro Rolle: 7 g E, 10 g Kh, 0 g F

Tipp: *Für die Füllung können Sie nehmen, was schmeckt oder gerade bei der Hand ist. Etwa Staudensellerie, Chinakohl, Weißkohl, Kohlrabi, Paprikaschoten, Gurken oder Salatblätter. Für die Vegi-Variante Tofu und Erdnusskerne hineinrollen.*

Die asiatischen Zutaten findet man im Asia-Laden oder im Internet-Versand.

20 Minuten
204 kcal p. P. (bei 4)

Miesmuscheln im Wok

Für 3 bis 4 Portionen:

2 kg Miesmuscheln
1–2 Schalotten
2–3 Knoblauchzehen
1 Lauchstange
1 kleine Möhre
1–2 Selleriestangen mit hellem Grün
2 EL Olivenöl
Salz, Pfeffer
1 Prise Zucker
½ großzügiges Glas trockener Weißwein

1. Die Muscheln gründlich waschen: Dafür in ein Becken voll Wasser kippen, einige Male schwenken, das Wasser mehrmals wechseln. Zerbrochene Muscheln auslesen und wegwerfen.

2. Schalotten, Knoblauch, Lauch, Möhre und Sellerie putzen, in feine Würfel schneiden.

3. Das Öl im Wok auf stärkster Flamme erhitzen, das Gemüse zufügen und 30 Sekunden unter Rühren braten, dabei mit Salz, Pfeffer und Zucker würzen. Die abgetropften Muscheln zufügen und den Wein, der gleich zu kochen beginnen sollte.

4. Den Deckel aufsetzen, damit sich schnell eine Dampfatmosphäre entwickelt, in der sich die Muscheln öffnen und ihr Wasser abgeben. Wenn dieses ebenfalls kocht, die Hitze reduzieren und die Muscheln etwa 3 Minuten kräftig kochen. Dabei immer wieder am Wok rütteln und schütteln, damit die Muscheln umhergewirbelt werden. Eventuell den Deckel kurz lüften und mit der Bratschaufel umwenden.

Pro Portion (bei 4): 17 g E, 8 g Kh, 9 g F

15 Minuten
269 kcal pro Portion

Meeresfrüchte von der Plancha

1. Die Muscheln auf die mit Öl eingepinselte, brüllend heiße Plancha setzen. Knoblauch und Petersilie fein hacken, mit Zitronenschale mischen.

2. Wenn die Muscheln sich geöffnet haben darin verteilen, auch Zitronensaft und jeweils einige Tropfen Olivenöl hinein träufeln. Überall auch einige Tropfen Weißwein zufügen.

3. Die geöffneten Muscheln auf einer Platte anrichten und zusammen mit Zitronenschnitzen servieren.

Pro Portion: 10 g E, 5 g Kh, 21g F

Tipp: *Falls man nur eine Pfanne zur Verfügung hat (auch hier unbedingt eine blanke!), doppelt soviel Öl verwenden, damit die Muscheln sofort in der starken Hitze des siedenden Öls landen. Und natürlich portionsweise, damit die Hitze nicht zu sehr absinkt.*

Pro Person:

6 Muscheln

2–3 EL Olivenöl

3 Knoblauchzehen

1 kleines Bd. glatte Petersilie

etwas Zitronenschale

1 Spritzer Weißwein

30 Minuten
250 kcal pro Portion

Für 4 Portionen:

- 8–12 Garnelenschwänze (möglichst mit Schale)
- 2 TL Sesamöl
- 1 EL Fischsauce
- 1 Prise Zucker
- 2 normale Kartoffeln
- 2 blaue Kartoffeln
- Erdnussöl zum Frittieren
- 1 Stück Ingwerwurzel
- 2 EL Sojasauce für den Dip

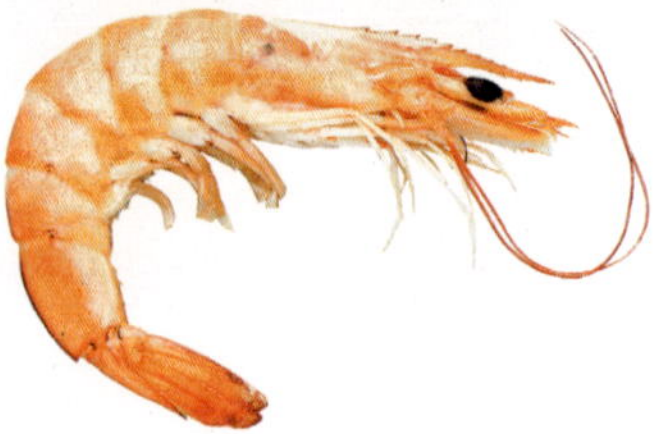

Garnelen im Kartoffelmantel

1. Die Garnelen schälen, das Schwanzende jedoch dran lassen – das sieht nachher hübscher aus. In einer Schüssel mit Fischsauce, Sesamöl und Zucker vermischen und marinieren.

2. Kartoffeln mit dem Spiralschneider in lange Fäden schneiden, in kaltem Wasser baden, um möglichst viel Stärke herauszuwaschen. Die Fäden dann gut abtrocknen. Die Garnelenschwänze mit diesen Fäden umwickeln, nach Gusto einfarbig oder zweifarbig einpacken.

3. Im Wok das Erdnussöl erhitzen, die eingewickelten Garnelen darin knusprig braten. Auf Küchenpapier abtropfen.

4. Ingwer fein reiben und mit der Sojasauce verrühren, in einem Schälchen als Dip dazu servieren.

Pro Portion: 13 g E, 9 g Kh, 17 g F

25 Min. + 6 Std.
183 kcal pro Portion

Gespießte Riesengarnelen

Für 4 Portionen:

- 2 Knoblauchzehen
- ¼ rote Thai-Chili
- 4 EL Rapsöl
- ½ unbeh. Zitrone
- Salz, Pfeffer
- 4 Garnelenschwänze ohne Schale (à etwa 100 g)
- Sonstiges: 4 Holzspieße (etwa 15 cm lang)

Pro Portion: 18 g E, 1 g Kh, 11 g F

1. Die Holzspieße etwa 15 Minuten in Wasser legen und einweichen lassen.

2. Anschließend die Marinade zubereiten. Dazu Chili waschen, aufschneiden, von Kernen und Innenhäuten befreien. Dann Knoblauch und Chili fein hacken, mit Olivenöl, 1 EL Zitronensaft und 1 EL abgeriebener Zitronenschale in einer flachen Schüssel kräftig verrühren. Mit Salz und Pfeffer abschmecken.

3. Die Garnelen spülen und trocken tupfen, danach in die Marinade geben und alles gut vermengen. Die Schüssel abdecken und Garnelen im Kühlschrank für mindestens 6 Stunden durchziehen lassen. Danach die marinierten Garnelen der Länge nach auf die Spieße stecken.

4. Garnelenspieße für ungefähr 5 bis 10 Minuten im Backofen grillen, bis sie eine rosa Farbe annehmen. Das Garnelenfleisch sollte beim Servieren noch saftig sein, und wer mag, kann noch etwas von der Marinade darüberträufeln.

Tipps: *Garnelenspieße sind für jede Art von Marinade dankbar. Sehr gut würden sich hier auch 1 EL Limonenschale, 1 EL Limonensaft und 1 EL geriebener Ingwer anstelle der Zitrone machen.*

Riesengarnelen, auch Prawns genannt, gehören zur Familie der Krabben und kommen sowohl im Süßwasser als auch in der Tiefsee vor. Süßwassergarnelen aus Asien sind in der letzten Zeit allerdings häufig durch ihre hohen Schadstoffbelastungen in Misskredit gekommen, deshalb sollte man auf Bioprodukte achten oder Tiefseegarnelen nehmen. Damit die Tiefkühlware frischer schmeckt, übergießen Sie die unaufgetauten Garnelen mit kochendem Salzwasser und lassen sie eine knappe Minute darin stehen. Danach spülen Sie sie gründlich mit kaltem Wasser ab.

1 Stunde
258 kcal pro Portion

Gefüllte Kalmare

Für 4 Portionen:

- ca. 600 g kleine Kalmare (oder tiefgekühlte Tuben)
- 2–3 Frühlingszwiebeln
- 2 Knoblauchzehen
- eventuell 1–2 Chilischoten
- 2 EL Olivenöl
- Salz, Pfeffer
- 3 EL Semmelbrösel
- Schale und Saft einer ½ Zitrone
- 1 kleines Bd. glatte Petersilie
- Olivenöl zum Braten
- 2–3 EL Zitronensaft
- ½ Glas Weißwein

Pro Portion: 25 g E, 10 g Kh, 11 g F

1. Die Kalmare gründlich putzen: An den Tentakeln den gesamten Körperinhalt (Innereien) herausziehen, die Beinchen abschneiden, den Rest entfernen. Die Tuben innen gründlich auswaschen und beiseite legen.

2. Für die Füllung die Frühlingszwiebeln fein schneiden, ebenso den Knoblauch. Falls gewünscht die Chilis entkernen und sehr fein würfeln.

3. In einer beschichteten Pfanne das Olivenöl erhitzen, Zwiebel, Knoblauch und Chili andünsten, dabei salzen und pfeffern. Die Tentakel grob zerschneiden und 2 bis 3 Tuben ebenfalls zerkleinern, in die Pfanne und mitdünsten. Die Semmelbrösel schließlich hineinstreuen, alles gut mischen. Mit Zitronenschale und -saft würzen, fein gehackte Petersilie untermischen. Mit Salz und Pfeffer abschmecken.

4. Diese Füllung in die geputzten Tuben füllen. Nicht zu voll packen, weil sich die Füllung beim Braten ausdehnt und das Innere der Tuben zusammenzieht – und sonst zuviel ausläuft.

5. Auf die Mitte der aufgeheizten Plancha 2 EL Öl gießen, mit einem Drahtpinsel verteilen (Natur- oder Silikonpinsel vertragen die Hitze nicht). Die gefüllten Kalmare nebeneinander darauf einige Minuten braten. Dabei ab und zu wenden, damit sie rundum appetitliche Bratspuren bekommen. Mit Zitronensaft beträufeln und den Wein löffelweise darüberträufeln. Nach ungefähr 2 bis 3 Minuten sind die Kalmare gar – man kann sie noch auf einer kühleren Stelle ein wenig nachziehen lassen.

6. Die Kalmare auf vorgewärmten Tellern anrichten. Dazu frisches Brot und einen kraftvollen Weißwein servieren.

Tipp: *Wer diese Kalmare in einer Pfanne zubereiten möchte, muss unbedingt eine blanke, also unbeschichtete, Pfanne nehmen. Zunächst leer stark erhitzen, dann etwas Öl hineingeben und die Kalmare portionsweise darin braten. Bei zu wenig Hitze ziehen sie schnell Wasser und werden leicht zäh.*

Jakobsmuschel-Spieße auf Rucola-Risotto

30 Minuten
1123 kcal pro Portion

1. Gemüsebrühe erhitzen. Zitronengras und Kaffirlimettenblätter abspülen. Kaffirlimettenblätter mit 2 EL Butter in einer großen Pfanne 10 Minuten braten.

2. Geschälte und klein gewürfelte Schalotten in einem Topf mit breitem Boden in 2 EL Olivenöl anschwitzen. Reis dazugeben und bei mittlerer Hitze unter Rühren glasig dünsten. Mit Wein ablöschen und unter Rühren einkochen lassen. Nach und nach die heiße Brühe angießen und unter Rühren immer wieder reduzieren lassen, bis die Brühe aufgebraucht ist.

3. Pecorino reiben. Stiele des Rucola entfernen, Rucola grob schneiden, abspülen, trocken schleudern. Birne waschen, vierteln und in je 2 Scheiben schneiden.

4. Wenn Sie Jakobsmuscheln mit Schale haben, nur den weißen Muskelstrang zwischen den Klappen verwenden. Je 2 Muscheln abwechselnd mit 2 Scheiben Schinken und 2 Birnenstücken auf eine Stange Zitronengras spießen. Kaffirlimettenblätter aus der Butter nehmen und Spieße hineingeben, jeder Seite etwa 4 Minuten bei kleiner Hitze anbraten. Mit Salz und Pfeffer würzen.

5. 1 EL Butter unter das Risotto rühren, mit Salz und Pfeffer abschmecken. Rucola unter das Risotto heben, mit den Spießen auf Teller anrichten und mit dem Sud aus der Pfanne beträufeln.

Pro Portion: 51 g E, 113 g Kh, 49 g F

Für 2 Portionen:

- 600 ml Gemüsebrühe
- 4 Stangen Zitronengras
- 2 Kaffirlimettenblätter
- 3 EL Butter
- 2 Schalotten
- 2 EL Olivenöl
- 250 g Risottoreis (z. B. Arborio)
- 100 ml Weißwein
- 40 g Pecorino
- 75 g Rucola
- 1 reife Birne
- 8 Jakobsmuscheln (mit Schale oder ausgelöst)
- 8 Scheiben Parmaschinken
- Salz, Pfeffer

10 Minuten
92 kcal pro Portion

Carpaccio von der Jakobsmuschel

Für 4 Portionen:

- 2 EL Olivenöl
- Salz, Pfeffer
- 8–10 Jakobsmuscheln
- 1 TL fein geriebener Ingwer
- 1–2 Chilischoten
- einige Petersilienblätter
- Koriandergrün
- evtl. frische Minze
- einige Tropfen Birnen- oder hellen Balsamico

1. Auf Vorspeisentellern jeweils einen Kringel Olivenöl ziehen und mit Salz und Pfeffer bestreuen.

2. Die Jakobsmuscheln säubern, in dünne Scheibchen schneiden und hübsch einander überlappend als Rund anrichten.

3. Mit dem restlichen Olivenöl beträufeln, salzen und pfeffern. Jeweils etwas Ingwer darüber reiben, auch winzig gewürfelte Chilis und fein gehackte Kräuter darüberstreuen. Zum Schluss Tropfen vom dickflüssigen Birnen- oder einem anderen hellen Balsamico dekorativ verkleckern.

Pro Portion: 9 g E, 2 g Kh, 5 g F

Variante: *Die Jakobsmuscheln mediterran parfümieren und mit abgeriebener Zitronenschale sowie fein geschnittenem Basilikum würzen; hellen Balsamico nehmen, weil der hierzu schöner aussieht als der übliche dunkle.*

Jakobsmuscheln auf grünen Tagliatelle

20 Minuten
660 kcal pro Portion

Für 4 Portionen:

- 20 Jakobsmuscheln (etwa 500 g ausgelöst)
- 400 g grüne Tagliatelle
- 1 Bd. Petersilie
- 2 Knoblauchzehen
- 4 EL Olivenöl
- Salz, Pfeffer

1. Tiefgefrorene Jakobsmuscheln am besten über Nacht im Kühlschrank auftauen, sonst notfalls schnell in Salzwasser (siehe Tipp unten). 4 bis 5 l Wasser für die Tagliatelle aufsetzen. Petersilie waschen und trocken schleudern, die Blättchen hacken. Die geschälten Knoblauchzehen fein hacken.

2. Die Tagliatelle mit 1 EL Salz ins kochende Wasser geben, einmal kurz umrühren und bissfest kochen.

3. Währenddessen die Muscheln mit Küchenpapier trocken tupfen. 1 bis 2 EL Olivenöl in eine Pfanne geben und erhitzen, Jakobsmuscheln von jeder Seite 1 bis 2 Minuten scharf anbraten. Sie können leicht bräunen, vom Feuer nehmen. Knoblauch und Petersilienblättchen kurz in der Pfanne unterrühren, dabei eventuell noch etwas Butter hinzufügen.

4. Die Tagliatelle auf warmen Tellern anrichten, die Jakobsmuscheln daraufsetzen. Die Knoblauch-Kräuter-Sauce darübergeben und etwas Pfeffer über das Ganze mahlen.

Pro Portion: 25 g E, 84 g Kh, 25 g F

Tipp: *Nichts spricht gegen tiefgefrorene Muscheln, da ist Frische garantiert. Wenn das Auftauen mal ganz schnell gehen muss: 15 g Salz auf 500 ml lauwarmes Wasser geben, die Salzkonzentration von 3 % entspricht praktisch Meerwasser. Legt man die Muscheln 10 Minuten hinein, tauen sie auf, ohne nennenswerte Mengen an Flüssigkeit abzugeben. Die Methode taugt auch für Fische. Einzeln in Folie kann man sie auch einfach in lauwarmes Wasser legen.*

30 Minuten
866 kcal pro Portion

Für 2 Portionen:

150 g Spaghetti

3 EL Olivenöl

10 tiefgekühlte Scampi oder Riesengarnelen (aufgetaut)

Salz, Pfeffer

2 Schalotten

2 Knoblauchzehen

80 g Bauchspeck (z. B. Pancetta)

2 EL Butter

250 g junge Erbsen (tiefgefroren oder frisch)

100 ml Gemüsebrühe

Zitronensaft

Scampi im Spaghetti-Mantel

1. Spaghetti bissfest kochen, danach eiskalt abschrecken.

2. Backofen auf 150 °C Ober- und Unterhitze vorheizen. Die abgekühlten Nudeln mit 1 EL Olivenöl vermengen. Jeweils 5 Spaghetti der Länge nach zusammenlegen und um je einen Scampi wickeln. Die eingewickelten Scampi auf einen mit Backpapier ausgelegten Teller legen.

3. In einer großen Pfanne 2 EL Olivenöl erhitzen, Scampi darin portionsweise von jeder Seite etwa 2 bis 3 Minuten scharf anbraten. Mit Salz und Pfeffer würzen, auf einem großen Servierteller im vorgeheizten Backofen warm stellen.

4. Schalotten und Knoblauchzehen schälen und mit dem Speck in dünne Streifen schneiden, alles in der Scampi-Pfanne mit Butter 2 Minuten scharf anbraten. Die Erbsen dazugeben, mit der Brühe und etwas Zitronensaft ablöschen. Mit Salz und Pfeffer abschmecken und über die Scampi geben.

Pro Portion: 48 g E, 71 g Kh, 42 g F

REGISTER

IMPRESSUM

Stiftung Warentest
Lützowplatz 11–13
10785 Berlin
Telefon 0 30 / 26 31–0
Fax 0 30 / 26 31–25 25
www.test.de
email@stiftung-warentest.de

USt.-IdNr.: DE136725570

Vorstand: Hubertus Primus
Weiteres Mitglied der Geschäftsleitung:
Dr. Holger Brackemann (Bereichsleiter Untersuchungen)

Programmleitung: Niclas Dewitz

Die Rezepte stammen aus den folgenden Titeln der Stiftung Warentest:
Karin Iden: „Das neue Kochbuch durchs Jahr"; Elisabeth Lange: „Die Nebenbei-Diät. Schlank werden für Berufstätige"; Vera Herbst, Dagmar von Cramm: „Gut essen bei erhöhtem Cholesterin"; Vera Herbst, Dagmar von Cramm: „Gut essen bei Gicht"; Martina Meuth, Bernd Neuner-Duttenhofer: „Kochwerkstatt"; Vera Kaftan, Dorothee Lennert: „Sehr gut backen"; TB & The BBQ-Scouts: „Sehr gut grillen"; Vera Kaftan-Namyslowski, Dorothee Soehlke-Lennert: „Sehr gut kochen"; Christian Soehlke, Dorothee Soehlke-Lennert: „Sehr gut mediterran kochen"; Lena Elster, Thomas Askan Vierich: „Sehr schnell kochen"; Dagmar von Cramm: „Von Markt & Metzger"; Lena Elster, Dorothee Soehlke-Lennert: „Yummy Mami".

Projektleitung: Friederike Krickel
Mitarbeit : Veronika Schuster
Zusätzliche Nährwertberechnungen:
Astrid Büscher, Hamburg
Gestaltung, Art Direction, Layout: Axel Raidt, Berlin
Bildnachweis: Nicole Fortin, Berlin (10, 23, 44, 53, 68, 104, 137); Knut Koops, Berlin (8, 14, 37, 41, 57, 58, 61, 62, 66, 87, 88, 91, 94, 95, 99, 105, 109, 114, 118, 123, 133, 141, 150, 154, 157); Peter Schulte, Hamburg (3, 5, 7, 9, 13, 17, 18, 21, 24, 29, 30, 33, 39, 40, 46, 47, 48, 50, 52, 67, 74, 75, 82, 83, 92, 96, 97, 100, 110, 117, 121, 127, 128, 136, 139, 146, 147); Philipp Horak, Wien (43, 54, 64, 70, 79, 80, 113, 131, 134, 139, 142, 145, 149, 153); Martina Meuth (28, 76, 84, 103, 143); Gianni Plescia, Berlin (27, 34, 73, 107, 124, 131); Ulrike Holsten, Hamburg (2, 16, 31, 63, 129, 140); fotolia (2, 25, 48, 56, 68, 71, 78, 111, 112); iStock (3, 11, 22, 36, 59, 77, 120, 122, 126, 144).

Produktion: Vera Göring
Verlagsherstellung: Rita Brosius (Ltg.), Susanne Beeh
Druck: Grafisches Centrum Cuno GmbH & Co. KG, Calbe

ISBN: 978-3-86851-061-4